The Art *of* Prayer

Kenneth E. Hagin

케네스 해긴 지음 | 김진호 옮김

믿음의말씀사

The Art of Prayer
by Kenneth E. Hagin

ⓒ RHEMA Bible Church
AKA Kenneth Hagin Ministries, Inc.
P. O. Box 50126 Tulsa, OK 74150-0126 U.S.A.
All Rights Reserved.

2000 / Korean by Word of Faith Company, Korea.
Translated and published by permission
Printed in Korea.

기도의 기술

1판 1쇄 발행일 · 2000년 9월 20일
1판 7쇄 발행일 · 2013년 10월 18일

지 은 이 케네스 해긴
옮 긴 이 김 진 호
발 행 인 최 순 애
펴 낸 곳 믿음의 말씀사
주   소 446-855 경기도 용인시 기흥구 신정로 301번길 59
전화번호 031)8005-5483/5493 FAX 031)8005-5485
홈페이지 http://faithbook.kr
출판등록 제68호 (등록일 2000. 8. 14)

ISBN 89-951673-2-7 03230
값 7,000원

본 저작물의 한국어판 저작권은 케네스 해긴 목사님을 통해 FAITH LIBRARY와의 독점 협약으로 '믿음의 말씀사'가 소유합니다. 저작권법에 의해 한국 내에서 보호를 받는 저작물이므로 무단 전재와 복제를 금합니다.

믿음의 방패 마크는 미국 특허청에 등록된 RHEMA Bible Church, AKA Kenneth Hagin Ministries, Inc.의 마크이므로 복제하여 사용할 수 없습니다. (The Faith Shield is a trademark of RHEMA Bible Church, AKA Kenneth Hagin Ministries, Inc., registered with the U.S. Patent and Trademark Office and therefore may not be duplicated.)

목 차

서 문 ··· 7
감사의 글 ·· 8
역자 서문 ·· 9
제1장 왜 기도합니까? ··· 13
제2장 여러 가지 종류의 기도 ······························ 17
제3장 간구의 바른 뜻 ··· 21
제4장 중보의 바른 뜻 ··· 27
제5장 왜 사람에게 중보자가 필요한가? ················ 35
제6장 신자의 기도 생활 ······································ 43
제7장 사랑 – 성공적인 기도의 기초 ····················· 47
제8장 하나님의 사랑을 아는 것 ··························· 57
제9장 담대함 ··· 63
제10장 신자의 기도 생활 요소들 ························· 71
제11장 성령님 – 우리의 기도를 돕는 분 ·············· 81
제12장 성령님과 우리의 연약함 ·························· 85
제13장 병든 자들을 위한 기도 ···························· 89
제14장 성령 안에서의 기도란 무엇인가? ············· 97

제15장 조용한 기도(침묵 기도) ······ 107
제16장 조용하지 않은 기도 ······ 113
제17장 성령 안에서 신음하는 기도 ······ 117
제18장 기도하는 교회 ······ 121
제19장 너희 안에서 그리스도의 형상을 이루기까지 ······ 127
제20장 죄 가운데 있는 사람들을 위한 기도 ······ 131
제21장 귀신으로부터 풀려나기 위한 기도 ······ 135
제22장 불신자를 위한 중보 기도 ······ 145
제23장 승리하는 기도 ······ 153
제24장 나라를 위한 기도 ······ 177
제25장 지나친 극단(Excesses) ······ 189
제26장 기술을 살리기 ······ 197

서 문

우리 모두는 하나님에 대한 지식과 하나님의 말씀에 대한 이해에 지속적으로 자라고 있습니다. 이 책이 '중보 기도의 기술' 이란 이름으로 처음에 나온 이후로 하나님 말씀을 더 공부하면서 기도에 대한 새로운 이해를 갖게 되었습니다.

중보 기도와 간구와 관련한 새로운 깨달음 때문에 더 이상 이 책을 '중보 기도의 기술' 이라고 하는 것은 적당하지 않은 것 같았습니다. 중보 기도는 여러가지 기도 방법 중의 하나입니다.

실제적으로 간구는 중보 기도보다 더 광범위한 기도를 포함하지만 이 책은 간구와 중보 기도뿐 아니라 보다 더 넓은 범위를 포함하고 있습니다. 이러한 이유로 나는 우리 편집자에게 이 책 제목을 '기도의 기술' 이라고 이름할 것을 부탁했습니다.

이 새로 편집된 판에는 지난 몇 년 동안 제가 추가적으로 받았던 깨달음을 더하였습니다.

저는 이 책을 통하여 믿는 자들을 기도에 헌신케 함으로 하나님의 뜻이 이 지구상에 모두 성취되기를 간절히 원합니다.

— 케네스 해긴

감사의 글

워싱턴주 켄네위크에 계신 월포트 리트 목사님은 성경을 가르치는데 뛰어난 분입니다.

월포트 목사님의 아내인 게트루드는 금세기 초반기의 잘 알려진 '믿음의 사도' 이신 존 레이크의 따님이었습니다.

리트 목사님 부부는 하나님께로 가시기 전 기도에 관하여 오랫동안 하나님께 크게 사용되셨습니다. 월포트 목사님의 기도에 대한 가르침은 오랜 기도의 경험으로만 얻어질 수 있는 깊이 있는 지식을 가지고 있습니다.

제가 하나님의 영광을 위하여 그의 자료를 사용하도록 허가를 받았는데, 그의 기도에 대한 지침과 주석은 대단히 감명깊었습니다.

우리는 하나님께서 이 책을 사용하셔서 어떻게 기도해야 할지 아는 기도의 사람들을 많이 일으키시고 그들을 훈련하셔서 이 마지막 때에 우리 주님의 일의 최전선에서 일하게 하실 줄 믿습니다.

리트 형제는 이 책에서 그의 자료와 주석을 인용할 수 있게 허락해주었습니다.

역자 서문

 기독교 서점에 꽂힌 수많은 책들 중에 간증을 포함한다면 기도에 관한 책이 가장 많을 것입니다. 그리고 본격적으로 오직 기도에 관해 나름대로 깨달은 것을 나누는 책도 많습니다. 제 서재에도 기도에 관한 책만 30~40권이 넘으며 한 때는 사놓고 읽지 못하고 있는 책까지 새로운 부담이 되기도 했습니다.
 기도에 관한 책을 사게 되는 이유에는 이런 것들이 있습니다. 첫째, 기도의 신비한 비밀을 알고 믿고 기도하므로 하나님과 동행하는 삶을 살며, 하나님의 능력으로 말미암아 복음을 전하고 따르는 표적으로 복음이 증거되는 사도행전적인 예수 그리스도의 증인으로 살고 싶기 때문입니다. 둘째, 기도는 해야 하는 것이요, 기도하면 반드시 좋은 일이 있으리라는 것을 알고 있지만 자신을 돌아볼 때 하나님 앞에서 인정할 수 밖에 없는 – 아직도 기도는 나의 영적 성장 분야 중에서 발전해야 할 가장 미개척 분야임을 자신이 잘 알고 있는 – 부담감 때문입니다.
 그런데 이런 이유는 저만 가지고 있는 것이 아니라 대부분의 충분한 기도를 하지 못하고 사는 그리스도인들의 고민인 것 같습니다. 그런데 이번 안식년 동안 레마 성경 훈련소에서 케네스 해긴 목사님과 그 분의 제자들 문하에서 배우고 훈련을 받으면서 이런 부담감이 대부분 해결되었고 자유함을 얻고 기쁨으로 기도할 수 있는 은혜를 받게 되었습니다. 과거에도 읽었던 책이지만 직접 배우고, 좋은 모델을 보고, 가르치는 사람의 기름 부음이 있는 현장에서 듣고 보는 것은 역시 책이 주지 못하는 큰 유익이었습니다.

이제 몇 시간씩 기도한다는 목사님이나 성도 만큼 기도를 많이 못해서 패배의식을 갖거나 나 자신을 정죄하는 일이 없게 되었습니다. 그리고 기도의 목적은 많은 시간 기도해서 사람과 하나님께 인정을 받거나 자신의 목표를 달성하는 것이 아니라, 실제로 응답 받고, 믿음으로 살고, 능력 안에서 환경과 감정과 이론을 초월한 하나님의 말씀대로 승리하며 사는 데 있음을 깨닫게 되었습니다.

저자의 책을 읽노라면 하나님이 얼마나 좋으신 분인지, 그 분이 얼마나 풍성한 삶을 살 수 있도록 우리에게 복 주시기를 원하시는지, 믿음 생활이 얼마나 쉬운 것인지 알게 됩니다. 기도는 제자 훈련의 한 과목이 아니라 하나님의 능력과 신실하심, 그 분의 약속의 말씀의 권위, 오직 믿음으로 말미암아 역사하는 현재적 능력, 그리고 사랑으로써 역사하는 믿음입니다. 기도는 전체적 신앙의 튼튼한 기초 위에 선 사람에게는 마치 신용카드를 쓰듯이 쉽고 요긴한 것으로 믿음의 고백처럼 언제 어디서나 고백할 수 있는 것이며, 찬송처럼 언제나 흘러넘치는 입술의 열매인 것입니다.

이 책을 읽으면서 스스로 믿는다고 믿어왔지만 나의 믿음이 얼마나 하나님의 말씀에 온전히 서 있지 못하고, 얼마나 잘못된 믿음을 갖고 있는가를 돌아보게 되었습니다. 그리고 내 자신이 하나님을 신학적으로, 종교적으로, 영적으로 잘못된 해석을 함으로써 하나님을 본래의 성경의 모습과 다르게 알고 있음을 발견하게 되었습니다.

하나님은 말씀을 통해 스스로를 계시하시기를, 선하시며 그 인자가 끝이 없으신 분이라고 하였습니다. 하나님의 성품에 대한 오해와 그 분의 말씀에 대한 절대적 믿음의 부족은, 대부분 경건의 모양만을 나타낼 뿐 종교적이고 율법적인 신앙이 되며, 믿는 자에게 역사하시는 하나님의 능력을 제한하게 됩니다.

내가 직접 읽고 믿고 체험하고 확증한 살아 역사하는 믿음의 말씀 이외에, 내가 잘못 알고 있는 하나님과 성경의 말씀과 비슷하지만 무엇인가 틀리는 모든 신앙 서적들과 이론들을 그리스도의 말씀에 복종시킵시다.

어린 아이처럼 단순하게 하나님을 하나님으로 믿고, 성경 말씀을 오늘 내게 주시는 레마로 받아 입으로 시인하고 믿음으로 행할 때, 성경에 기록된 대로 해긴 목사님에게 역사하셨듯이, 오늘도 믿는 나에게 똑같이 역사할 것입니다.

레마 성경 훈련소에서 1년 안식년을 마치고 돌아와서

김 진 호
(크라이스트 앰버시 서울/용인교회 담임목사 · 예수선교사관학교장)

제 1 장
왜 기도합니까?

몇 년 전에 읽은 적이 있는 존 웨슬리의 글을 지금도 기억합니다. 웨슬리는 이렇게 말했습니다. "하나님은 우리의 기도의 삶에 의해 제한을 받으시는 것 같습니다. 누군가 하나님께 구하지 않으면 하나님은 인간을 위해 아무 것도 하실 수 없습니다." 그 후 다른 사람이 같은 말을 한 것을 읽은 적이 있었는데 그 역시 "왜 그런지는 나도 모르겠습니다"라고 덧붙였습니다. "그는 왜 모를까?" 자문해 보았지만 저도 역시 왜 그런지 알지 못했습니다.

그러나 만일 웨슬리의 말이 맞다면 - 당신이 성경을 읽어보면 맞다고 생각할 것입니다 - 기도해야 하는 우리로서는 기도에 대해 좀 더 알아야 할 것입니다. 우리가 하나님께 구하지 않으면 하나님도 우리를 위해 아무 것도 하실 수 없는 이유를 규명하려고 성경을 찾아보기 시작했습니다.

어떤 사람들은 하나님이 이 세상의 모든 것을 움직이신다는 "영적인 공중의 성들"을 건축한 것을 볼 수 있지만 하나님께서 모든 것을 움직이는 것이 아닙니다.

월남전 중에 한 칼럼니스트가 미 전역에 배포되는 일간신문에 자신은 그리스도인이 아니라고 하면서 칼럼을 쓰기 시작했습니다. 자신은 하나님이 없다고 생각하는 무신론자도 아니라고 말했습니다.

"당신들은 나를 영지주의자(agnostic)로 생각할지도 모르겠군요. 영지주의자들은 하나님이 계실지도 모른다고 생각합니다. 혹시 계신다 하더라도 나는 모르겠습니다. 사실 나는 초월적인 존재가 있다는 것은 믿을 수 있을 것 같습니다. 여기서 일어나는 모든 일이 그냥 저절로 일어난다고 믿어지지는 않습니다. 어딘가에 창조자가 있다고 믿습니다. 그러나 나는 성경을 읽은 적도 없고 교회에 나간 적도 없습니다. 내가 교회에 다니지 않는 이유 중의 하나는 그리스도인들이 말하는 하나님이 내가 생각하는 창조주와 일치하지 않으며, 자연 가운데서 볼 수 있는 하나님과도 일치하지 않기 때문입니다. 목사들까지도 하나님이 모든 것을 다 움직이신다고 말합니다. 그렇다면 하나님은 확실히 난처한 입장에 처해 계실 것입니다. 사람들은 서로 죽이고, 어린이들은 굶주리며 죽어가고 있고, 여자들은 고통을 당하고 있으며, 이 곳 저곳에서는 전쟁이 일어나고 있습니다. 만일 하나님이 이 모든 것을 움직이고 계신다면 하나님이 저 전쟁들도 행하고 계신다는 말입니까?"

거듭나지 못한 칼럼니스트도 이것이 틀린 말이라는 것을 잘 알고 있습니다. 하나님께서 이 세상(world)을 움직이시는 것이 아닙니다. 하나님은 세상(earth)을 다스리고 있지 않습니다. 언젠가는 하나님이 다스릴 것입니다.

하나님께 감사합시다! 그러나 지금은 자신을 하나님께 드린 사람들의 삶 밖에서는 하나님의 뜻이 지상에서 수행되고 있지 않습니다. 당신이 성경이 말하는 것을 받아들인다면 쉽게 알 수 있는 것입니다. 하나님은 아무도 멸망치 않고 회개에 이르기를 원하고 계신다고 성경은 말하고 있습니다(벧후 3:9). 모든 사람의 구원에 관한 하나님의 뜻이 이루어지지 않고 있다는 것은 분명해졌습니다.

구원은 예수 그리스도를 구세주로 영접할 때 개인의 삶에서 이루어지는 것입니다. 만일 하나님께서 모든 것을 수행하시고 자신의 뜻을 사람들에게 강요하신다면, 하나님은 아무도 멸망하기를 원하지 않으시므로 하나님은 모든 사람이 오늘 구원을 받고 내일 천년 왕국 시대로 들어가게 하실 것입니다. 요한 웨슬리의 말의 배경이 된 이유를 하나님의 말씀에서 찾아보니, 오랫동안 목회를 해 왔으면서도 전에 깨닫지 못했던 진리를 이제야 알게 되었습니다.

내가 주님께 여쭈어 보았을 때 주님은 "처음 책으로 돌아가라"고 하셨습니다. 주님께서 창세기를 말씀하시는 것을 알았습니다. 창세기를 다시 읽고 반복해서 읽었습니다. 하나님께서 세상과 그 안에 충만한 것을 만드셨음을 보았습니다. 하나님께서 그의 사람 아담을 만드셨습니다. 그리고 하나님은 말씀하셨습니다. "아담아! 내 손으로 지은 모든 것들을 네가 다 스리게 하겠다(give dominion over)"(창 1:26-27; 시 8:6) 하나님은 "내가 너를 통해 다스릴 것이다"라고 하지 않고 "내가 내 손으로 지은 모든 것들을 네가 다스리게 하겠다"고 하셨습니다.

그리하여 아담이 이 세상에서 땅 위의 지배권을 갖게 되었습니다. 어떤 의미에서는 아담이 이 세상의 신이었습니다. 그러나 사탄이 아담에게 거짓말을 했습니다. 아담은 대반역(high treason)을 저지르므로써 이 땅의 지배권을 사탄에게 넘겨주어 버렸습니다. 그래서 사탄이 이 세상의 신이 되었던 것입니다. 고린도후서 4장 4절은 사탄을 "이 세상의 신"이라고 부르고 있습니다. 이와 같이 사탄이 이 세상을 다스리고 있습니다. 사탄은 권세를 가지고 아담의 임대차 기한이 다할 때까지 계속 이 세상의 신으로 있을 것입니다.

하나님은 합법적으로 개입하셔서 마귀로부터 이 다스림을 빼앗으실 수 없습니다. 이 땅은 마귀가 다스리고 있습니다. 마귀는 아담으로부터 빌렸기 때문에 법적인 권한을 가지고 있습니다. 그러므로 하나님은 그 분께 구하지 않으면 아무 것도 하실 수 없으십니다.

제 2 장
여러 가지 종류의 기도

모든 기도와 간구로 하되 무시로 성령 안에서 기도하고 이를 위
하여 깨어 구하기를 항상 힘쓰며 여러 성도를 위하여 구하고
(엡 6:18)

"모든 기도로 하되"라고 한 것에 주의하십시오. 확대 번역 성
경은 "기도할 수 있는 모든 방법으로 기도하라"고 되어 있습니
다. 또 다른 번역은 "모든 종류의 기도로 기도하라"고 되어 있
습니다. 그러나 가장 실제적으로 제 심령에 닿는 것은 굿스피
드 번역인데 "기회 있을 때마다 성령 안에서 기도하고, 여러 종
류의 기도와 탄원을 사용하십시오"라고 되어 있습니다. 성경은
여러 종류의 기도에 각기 다른 법칙을 적용할 것을 가르치고 있
지만 교회에서는 여러 가지 다른 종류의 기도를 구별하지 않는
실수를 하고 있습니다. 우리는 단순히 모든 기도를 같은 자루
에 넣고 흔들어내어 쏟고 있습니다. 많은 기도가 역사하지 않
는 이유는 사람들이 잘못된 법칙을 적용했기 때문입니다.

예를 들면 운동경기에는 야구, 농구, 축구, 골프, 테니스 등
이 있습니다. 이들 모두 각각 다른 규칙에 따라 경기를 합니다.

만일 야구 규칙을 축구에 적용하거나 또는 그 반대로 한다면 혼란스럽지 않겠습니까? 사람들이 혼란을 느끼고 기도하는데 문제가 있는 것은, 기도마다 다른 법칙을 서로 혼동하기 때문입니다. 사람들은 한 가지 기도에 사용되는 원리를 다른 종류의 기도에도 적용하고 있습니다. 예를 들면 축구, 야구, 농구, 골프, 테니스에 모두 같은 규칙을 적용하는 것과 같습니다.

사람들이 공통적으로 가지고 있는 잘못된 생각 중의 하나는 "이것이 당신의 뜻이라면"라고 하면서 기도를 마무리해야 한다고 생각하는 것입니다. 그들은 예수님께서 그렇게 기도했다고 말합니다. 그러나 예수님도 성경에 기록된 경우는 단 한번만 그렇게 기도하셨습니다. 그것은 그 분께서 헌신 기도를 (the prayer of consecration) 하시던 겟세마네 동산에서 입니다.

사람들은 "믿음의 기도"(탄원하는 기도, 무엇을 변화시키려는 기도)를 할 때 "만일 이것이 당신의 뜻이라면"이라고 마무리합니다. 그러나 그런 기도는 그 분의 뜻, 즉 그 분의 말씀을 확신하지 못하고 있기 때문에 응답받기 어렵습니다.

"왜 기도에 응답이 없는지 모르겠습니다"라고 말할지 모르겠습니다. 이는 마치 축구 경기를 보면서 "왜 홈런을 치는 사람을 볼 수가 없지?"라고 말하는 것과 같은 것입니다. 혼동하지 마십시오. 경기 규정을 보십시오! 어떻게 기도하는 것인지 성경을 찾아보십시오. 성경이 가르치고 있는 몇 가지 기도의 종류를 열거해 보겠습니다.

* 믿음의 기도 : 간구의 기도, 무엇인가를 변화시키려는 기도 (마 21:22, 막 11:24). 이 기도는 반드시 하나님의 뜻이 말씀에 계시된 것에 바탕을 두어야 합니다. 그러므로 절대 "만일"이란 말을 사용하면 안됩니다.
* 헌신의 기도 : 우리의 삶을 하나님이 사용하도록 헌신하는 기도 즉, "어디든지 가겠으며 무엇이든지 하겠습니다"라고 하는 헌신의 기도. 이 기도를 할 때는 "만일 그것이 당신의 뜻이라면"라고 기도합니다(눅 22:42).
* 결단의 기도 : 주님께 당신의 염려되는 것을 맡기는 것 (벧전 5:7)
* 예배 기도 : (눅 24:52-53; 행 13:1-4)
* 합의 기도 : (마 18:18-20)
* 성령 안에서 기도 : 방언으로 기도하는 것(고전 14:14-15)
* 합심 기도 : (행 4:23-31)
* 간구의 기도
* 중보 기도

간구의 기도와 중보 기도는 다음 두 장에서 우선적으로 다루었습니다(다른 유형의 기도에 대해서는 해긴 형제가 쓴 「평안으로 역사하는 기도(Prevailing Prayer to Peace)」를 참고하십시오).

제 3 장
간구의 바른 뜻

간구(supplication)는 일상적인 요구보다 훨씬 더 가슴 깊은 곳에서 나오는 기도입니다. 간구란 단어는 '겸손하고 진지한 청원이나 요청'을 의미합니다. 그렇지만 그런 요청이 가슴 깊은 곳으로부터 나오지 않았거나 열정과 진지함이 따르지 않는다면 간구라고 할 수 없습니다.

누구를 위해 간구할 수 있을까요?

먼저 자신의 영적인 필요와 육신적인 필요를 위해 간구의 기도를 해야 합니다.

> 빌 4:6
> 아무 것도 염려하지 말고 다만 모든 일에 기도와 간구로 너희 구할 것을 감사함으로 하나님께 아뢰라

두 번째는 하나님의 사람들 즉 모든 성도, 신자들을 위해 간구의 기도를 해야 합니다.

엡 6:18
모든 기도와 간구를 하되 항상 성령 안에서 기도하고 이를 위하여 깨어 구하기를 항상 힘쓰며 여러 성도를 위하여 구하라

세 번째는 권세 있는 자리에 있는 모든 사람들을 위해 간구의 기도를 해야 합니다.

딤전 2:1-2
그러므로 내가 첫째로 권하노니 모든 사람을 위하여 간구와 기도와 도고와 감사를 하되 임금들과 높은 지위에 있는 모든 사람을 위하여 하라 이는 우리가 모든 경건과 단정함으로 고요하고 평안한 생활을 하려 함이라

무엇을 위해 간구할 수 있을까요?

간구해야 할 것 중의 하나는 우선 추수할 일꾼을 위해 기도하는 것입니다.

마 9:37-38
이에 제자들에게 이르시되 추수할 것은 많되 일꾼이 적으니 그러므로 추수하는 주인에게 청하여 추수할 일꾼들을 보내 주소서 하라 하시니라

38절의 "기도"에는 열정과 열망을 가지고 긴급하고 필요한 것을 요구한다는 뜻이 담겨 있습니다. 또한 땅 위에 하나님의 성령의 비를 쏟아부어 달라고 간구할 수 있습니다.

슥 10:1
봄비가 올 때에 여호와 곧 구름을 일게 하시는 여호와께 비를 구하라 무리에게 소낙비를 내려서 밭의 채소를 각 사람에게 주시리라

"구하라"라는 말에는 "원하다, 진지하게 요구하다, 요청하다" 라는 뜻이 있습니다.

약 5:7
그러므로 형제들아 주께서 강림하시기까지 길이 참으라 보라 농부가 땅에서 나는 귀한 열매를 바라고 길이 참아 이른 비와 늦은 비를 기다리나니

약 5:16-18
그러므로 너희 죄를 서로 고백하며 병이 낫기를 위하여 서로 기도하라 의인의 간구는 역사하는 힘이 큼이니라 엘리야는 우리와 성정이 같은 사람이로되 그가 비가 오지 않기를 간절히 기도한즉 삼 년 육 개월 동안 땅에 비가 오지 아니하고 다시 기도하니 하늘이 비를 주고 땅이 열매를 맺었느니라

이 성경 구절에 나타난 간구의 특징을 주의해 보십시오.
간구는 열정적이고 진지하고 가슴에서 우러나며 지속적인 것이어야 합니다. 이런 기도는 엄청난 능력을 나타냅니다. 또한 우리는 용서받기 위한 간구의 기도를 할 수도 있습니다.

단 9:2-3
곧 그 통치 원년에 나 다니엘이 책을 통해 여호와께서 말씀으로 선지자 예레미야에게 알려 주신 그 연수를 깨달았나니 곧 예루살

렘의 황폐함이 칠십 년만에 그치리라 하신 것이니라 내가 금식하며 베옷을 입고 재를 덮어쓰고 주 하나님께 기도하며 간구하기를 결심하고

단 9:17-18
그러하온즉 우리 하나님이여 지금 주의 종의 기도와 간구를 들으시고 주를 위하여 주의 얼굴 빛을 주의 황폐한 성소에 비추시옵소서 나의 하나님이여 귀를 기울여 들으시며 눈을 떠서 우리의 황폐한 상황과 주의 이름으로 일컫는 성을 보옵소서 우리가 주 앞에 간구하옵는 것은 우리의 공의를 의지하여 하는 것이 아니요 주의 큰 긍휼을 의지하여 함이니이다

여기에서 우리는 다니엘이 자신과 백성들의 죄를 진지하게 고백하고 있음을 알 수 있습니다. 회개와 죄의 고백은 간구의 기도란 방법을 통해 할 수 있습니다.

끝으로 우리는 다른 사람들의 영적 필요를 위하여 간구의 기도를 합니다. 다음의 성경 말씀에 나오는 "기도"는 간구의 기도를 의미하고 있습니다.

엡 1:16
내가 기도할 때에 기억하며 너희로 말미암아 감사하기를 그치지 아니하고

빌 1:9
내가 기도하노라 너희 사랑을 지식과 모든 총명으로 점점 더 풍성하게 하사

골 1:9
이로써 우리도 듣던 날부터 너희를 위하여 기도하기를 그치지 아니하고 구하노니 너희로 하여금 모든 신령한 지혜와 총명에 하나님의 뜻을 아는 것으로 채우게 하시고

골 4:12
그리스도 예수의 종인 너희에게서 온 에바브라가 너희에게 문안 하느니라 그가 항상 너희를 위하여 애써 기도하여 너희로 하나님 의 모든 뜻 가운데서 완전하고 확신 있게 서기를 구하나니

제 4 장
중보의 바른 뜻

　각 유형의 기도마다 바른 뜻을 정의하는 이유는 기도를 일련의 규칙이나 법에 묶어두고 제한하려는데 있지 않습니다. 오히려 성경이 각종 기도의 종류에 따라 무엇을 가르치고 있는지 제대로 이해하기 위해서 입니다.
　성령님께서는 항상 말씀에 따라 일하시므로 성령님과의 완전한 협력을 위해서는 우리가 기도에 관한 지식을 갖추어야 합니다. 많은 사람들이 기도할 때 율법적이고 치료적이 됨으로써 참된 기도의 영을 상실하였습니다. 단순히 기도의 용어들을 아는 것보다 더 중요한 것은, 기도할 때 성령님이 함께 하심을 알아차리고 배우는 것입니다.
　오랫동안 거의 모든 기도는 "중보 기도(intercession)"라고 불려 왔거나 중보 기도만이 유일한 효과적인 기도라고 여겨졌었습니다. 그러나 실제로 가장 효과적인 기도는 성령님께서 그 순간에 필요한 것을 영감으로 주시는 기도입니다. 그 기도가 합의 기도나 믿음의 기도나 찬양과 예배의 기도나 어떤 다른 기도이든지 관계없이 말입니다. 여러 종류의 기도는 마치

손에 있는 손가락 같이 함께 일합니다. 예를 들면 진지하고 가슴으로부터 우러나는 간구의 기도는 중보 기도에도 사용됩니다. 중보 기도는 자신들의 잘못으로 말미암아 받아야 될 심판과 실제로 받게 될 심판 사이의 틈을 막아 줍니다. 간단히 말하면 중보 기도는 심판을 막는 기도입니다. 효과적인 중보 기도를 하기 위해서는 성령님의 인도에 따라 성령님이 촉구할 때 해야 합니다. 중보 기도를 좀 더 잘 이해할 수 있도록 성경의 예를 찾아보겠습니다.

창 18:16-33
그 사람들이 거기서 일어나서 소돔으로 향하고 아브라함은 그들을 전송하러 함께 나가니라 여호와께서 이르시되 내가 하려는 것을 아브라함에게 숨기겠느냐 아브라함은 강대한 나라가 되고 천하 만민은 그로 말미암아 복을 받게 될 것이 아니냐 내가 그로 그 자식과 권속에게 명하여 여호와의 도를 지켜 의와 공도를 행하게 하려고 그를 택하였나니 이는 나 여호와가 아브라함에게 대하여 말한 일을 이루려 함이니라 여호와께서 또 이르시되 소돔과 고모라에 대한 부르짖음이 크고 그 죄악이 심히 무거우니 내가 이제 내려가서 그 모든 행한 것이 과연 내게 들린 부르짖음과 같은지 그렇지 않은지 내가 보고 알려 하노라 그 사람들이 거기서 떠나 소돔으로 향하여 가고 아브라함은 여호와 앞에 그대로 섰더니 아브라함이 가까이 나아가 이르되 주께서 의인을 악인과 함께 멸하려 하시나이까 그 성 중에 의인 오십 명이 있을지라도 주께서 그곳을 멸하시고 그 오십 의인을 위하여 용서하지 아니하시리이까 주께서 이같이 하사 의인을 악인과 함께 죽이심은 부당하오며 의인과 악인을 같이 하심도 부당하니이다 세상을 심판하시는 이가 정의를 행하실 것이 아니니이까 여호와께서 이르시되 내가 만일 소돔 성읍 가운데에서 의인 오십 명을 찾으면 그들을 위하여 온 지역을 용서하리라 아브라함이 대답하여 이르되 나는 티끌이나 재와 같사오나 감히 주께 아뢰나이다 오십 의인 중에 오 명이 부족하다면 그 오 명이 부족함으로 말미암아 온 성읍을 멸하시리이까 이르시되 내가 거기서 사십오 명을 찾으면 멸하지 아니하리라 아브라함이 또 아뢰어 이르되 거기서 사십 명을 찾으시면 어찌 하려 하시나이까 이르시되 사십 명으로 말미암아 멸하지 아니하리라 아브라함이 이르되 내 주여 노하지 마시옵고 말씀하게 하옵소서 거기서 삼십 명을 찾으시면 어찌 하려 하시나이까 이르시되 내가 거기서 삼십 명을 찾으면 그리하지 아니하리라 아브라함이 또 이르되 내가 감히 내 주께 아뢰나이다 거기서 이십 명을 찾으시면 어찌 하려 하시나이까 이르시되 내가 이십 명으로 말미암아 그리하지 아니하리라 아브라함이 또 이르되 주는 노하지 마옵소서 내가 이번만 더 아뢰리이다 거기서 십 명을 찾으시면 어찌 하려 하시나이까 이르시되 내가 십 명으로 말미암아 멸하지 아니하리라 여호와께서 아브라함과 말씀을 마치시고 가시니 아브라함도 자기 곳으로 돌아갔더라

소돔과 고모라를 위한 아브라함의 기도는 중보 기도의 분명한 예입니다. 여기에서 주의깊게 보아야 할 것은 20절과 21절의 소돔과 고모라의 부르짖음에 관하여 언급한 부분입니다. 스미스 위글워쓰는 "믿음에는 하나님께서 수백만 명 속에서 믿음 있는 단 한 사람을 찾아가도록 하는 무엇인가가 있다"고 말했습니다.

믿음의 부르짖음이 하나님을 현장에 나타나게 하는 것을 보

십시오. 믿음의 부르짖음은 축복을 나타나게 합니다. "나타나게 하다(invoke)"란 단어는 '불러내다(to call forth), 일하게 하다(to put into operation), 또는 되게 하다(to bring about)' 라는 의미가 있습니다.

그러나 죄 역시 하나님께 외치므로 하나님을 나타나게 합니다. 죄는 하나님을 나타나게 한다기보다는 오히려 하나님을 성나시게 합니다. 죄는 하나님을 성나게 하여 진노와 심판을 자초합니다.

성경에서 우리는 이스라엘 백성이 반복해서 하나님을 화나게 함으로 진노와 심판이 임하는 것을 볼 수 있습니다. 하나님은 사람들이 심판 받는 것을 기뻐하지 않으십니다. 미가서 7장 18절에 의하면 하나님은 자비를 기뻐하십니다.

> 미 7:18
> 주와 같은 신이 어디 있으리이까 주께서는 죄악과 그 기업에 남은 자의 허물을 사유하시며 인애를 기뻐하시므로 진노를 오래 품지 아니하시나이다

> 겔 33:11
> 너는 그들에게 말하라 주 여호와의 말씀이니라 나의 삶을 두고 맹세하노니 나는 악인이 죽는 것을 기뻐하지 아니하고 악인이 그의 길에서 돌이켜 떠나 사는 것을 기뻐하노라 이스라엘 족속아 돌이키고 돌이키라 너희 악한 길에서 떠나라 어찌 죽고자 하느냐 하셨다 하라

그러나 스스로 심판을 자초한 사람들이 돌아서서 회개하지

않을 때, 심판을 피할 수 있는 유일한 방법은 누군가 그들을 위해 중간에 서서 중보 기도하는 것 뿐입니다.

겔 22:30-31
이 땅을 위하여 성을 쌓으며 성 무너진 데를 막아 서서 나로 하여금 멸하지 못하게 할 사람을 내가 그 가운데에서 찾다가 찾지 못하였으므로 내가 내 분노를 그들 위에 쏟으며 내 진노의 불로 멸하여 그들 행위대로 그들 머리에 보응하였느니라 주 여호와의 말씀이니라

이 말씀에서 우리는 하나님께서 스스로 그 땅을 위해 틈에 설 사람을 찾으셨음을 알 수 있습니다. 아무도 찾지 못했을 때 심판이 내려졌습니다. 여기서 하나님의 뜻이 무엇이었는지 아는 것이 중요합니다. 하나님의 뜻은 누군가가 틈에 섬으로써 그 땅이 파괴되지 않도록 하는 것입니다. 우리가 중보 기도를 드릴 때는 하나님의 뜻을 이해함으로 우리 스스로를 구비할 필요가 있습니다. 하나님의 최고 최선의 뜻은 사람들이 하나님께로 돌아와서 살게 되는 것입니다. 베드로후서 3장 9절은 모든 사람에 대한 하나님의 뜻에 대하여 좀 더 강하게 말하고 있습니다.

벧후 3:9
주의 약속은 어떤 이들이 더디다고 생각하는 것 같이 더딘 것이 아니라 오직 주께서는 너희를 대하여 오래 참으사 아무도 멸망하지 아니하고 다 회개하기에 이르기를 원하시느니라

우상 숭배와 죄로 말미암아 하나님을 노하게 한 이스라엘 백성들을 위해 모세가 하나님과 그들 사이에 서서 중보 기도한 경우가 두 번 있었습니다.

민 14:11-19
여호와께서 모세에게 이르시되 이 백성이 어느 때까지 나를 멸시하겠느냐 내가 그들 중에 많은 이적을 행하였으나 어느 때까지 나를 믿지 않겠느냐 내가 전염병으로 그들을 쳐서 멸하고 네게 그들보다 크고 강한 나라를 이루게 하리라 모세가 여호와께 여짜오되 애굽인 중에서 주의 능력으로 이 백성을 인도하여 내셨거늘 그리하시면 그들이 듣고 이 땅 거주민에게 전하리이다 주 여호와께서 이 백성 중에 계심을 그들도 들었으니 곧 주 여호와께서 대면하여 보이시며 주의 구름이 그들 위에 섰으며 주께서 낮에는 구름 기둥 가운데에서, 밤에는 불 기둥 가운데에서 그들 앞에 행하시는 것이니이다 이제 주께서 이 백성을 하나 같이 죽이시면 주의 명성을 들은 여러 나라가 말하여 이르기를 여호와가 이 백성에게 주기로 맹세한 땅에 인도할 능력이 없었으므로 광야에서 죽였다 하리이다 이제 구하옵나니 이미 말씀하신 대로 주의 큰 권능을 나타내옵소서 이르시기를 여호와는 노하기를 더디하시고 인자가 많아 죄악과 허물을 사하시나 형벌 받을 자는 결단코 사하지 아니하시고 아버지의 죄악을 자식에게 갚아 삼사대까지 이르게 하리라 하셨나이다 구하옵나니 주의 인자의 광대하심을 따라 이 백성의 죄악을 사하시되 애굽에서부터 지금까지 이 백성을 사하신 것 같이 사하시옵소서

출 32:7-14
여호와께서 모세에게 이르시되 너는 내려가라 네가 애굽 땅에서 인도하여 낸 네 백성이 부패하였도다 그들이 내가 그들에게 명령

한 길을 속히 떠나 자기를 위하여 송아지를 부어 만들고 그것을
예배하며 그것에게 제물을 드리며 말하기를 이스라엘아 이는 너
희를 애굽 땅에서 인도하여 낸 너희 신이라 하였도다 여호와께서
또 모세에게 이르시되 내가 이 백성을 보니 목이 뻣뻣한 백성이
로다 그런즉 내가 하는 대로 두라 내가 그들에게 진노하여 그들
을 진멸하고 너를 큰 나라가 되게 하리라 모세가 그의 하나님 여
호와께 구하여 이르되 여호와여 어찌하여 그 큰 권능과 강한 손
으로 애굽 땅에서 인도하여 내신 주의 백성에게 진노하시나이까
어찌하여 애굽 사람들이 이르기를 여호와가 자기의 백성을 산에
서 죽이고 지면에서 진멸하려는 악한 의도로 인도해 내었다고 말
하게 하시려 하나이까 주의 맹렬한 노를 그치시고 뜻을 돌이키사
주의 백성에게 이 화를 내리지 마옵소서 주의 종 아브라함과 이
삭과 이스라엘을 기억하소서 주께서 그들을 위하여 주를 가리켜
맹세하여 이르시기를 내가 너희의 자손을 하늘의 별처럼 많게 하
고 내가 허락한 이 온 땅을 너희의 자손에게 주어 영원한 기업이
되게 하리라 하셨나이다 여호와께서 뜻을 돌이키사 말씀하신 화
를 그 백성에게 내리지 아니하시니라

시편 106편은 이스라엘 자손들에게 내릴 심판을 막은 모세
의 중보 기도의 중요성에 대한 더 깊은 통찰력을 보여주고 있
습니다.

시 106:33
이는 그들이 그의 뜻을 거역함으로 말미암아 모세가 그의 입술로
망령되이 말하였음이로다

우리는 이 구절에서 모세가 이스라엘을 위해 중보자의 위치

에 서지 않았더라면 분명히 심판 받아 멸망케 되었을 것을 알 수 있습니다. 그러나 가장 귀하고 탁월한 중보 기도의 예는 지금 아버지의 오른편에서 우리를 위해 중보하고 계시며 우리를 위해 중보자의 위치에 서셨던 우리 주 예수님입니다.

다음 두 장에서는 우리를 대신하시는 예수님의 중보적 역할에 대해 알아보겠습니다.

제 5 장

왜 사람에게 중보자가 필요한가?

하나님은 나처럼 사람이 아니신즉 내가 그에게 대답할 수 없으며 함께 들어가 재판을 할 수도 없고 우리 사이에 손을 얹을 판결자도 없구나(욥 9:32-33)

흠정역 성경의 난외주에 보면 판결자란 단어를 심판자로도 번역하고, 또 다른 주에 보면 "변론하는 자"라고도 되어 있습니다. 다른 말로 하면 양측을 위해 사건을 변론할 사람이 없다는 것입니다.

욥 9:32-33
하나님은 나처럼 단순한 사람이 아니시므로 함께 법정에 가듯이 내가 그 분께 대답할 수도 없고 만일 거기 계시다 하더라도 양측에 손을 얹어 우리 사이를 재판할 사람도 없구나!

욥에게는 한 손은 하나님께, 또 다른 한 손은 욥에게 얹을 사람이 필요했습니다. 욥에게는 하나님과 그 사이에서 자신의 사건을 변호해 줄 사람이 필요했습니다(이하 본문의 내용은 윌포드 리트의 글을 인용한 것입니다).　　　　　- 리트 하나님은 중보자가 없는 것을 아셨습니다.

사 59:16
사람이 없음을 보시며 중재자가 없음을 이상히 여기셨으므로 자기 팔로 스스로 구원을 베푸시며 자기의 공의를 스스로 의지하사

하나님은 중보자가 없음을 아시고 그 필요를 채우셨습니다. 하나님께서 예수님을 보내셨습니다.

예수, 우리의 중보자

예수님은 죄인인 사람과 하나님 사이의 간격에 다리를 놓으려고 오셨습니다. 인간에게는 그 간격에 섬으로써, 그를 하나님께 되돌아 가게 할 누군가가 필요합니다. 인간은 중보자가 필요했습니다. 예수님의 희생이 그 분을 인류를 위한 유일하고도 온전히 신뢰할만한 중보자가 되게 하였습니다. 그 분만이 유일한 중보자입니다.   - 리트

딤전 2:5
하나님은 한 분이시요 또 하나님과 사람 사이에 중보자도 한 분이시니 곧 사람이신 그리스도 예수라

그 분께서는 우리를 위하여 하나님의 임재 안에 나타나시려고 하늘나라에 들어가셨습니다.   - 리트

히 9:24
그리스도께서는 참 것의 그림자인 손으로 만든 성소에 들어가지
아니하시고 바로 그 하늘에 들어가사 이제 우리를 위하여 하나님
앞에 나타나시고

그 분은 아버지의 오른편에 우리의 중보자로 계십니다.

롬 8:34
누가 정죄하리요 죽으실 뿐 아니라 다시 살아나신 이는 그리스도
예수시니 그는 하나님 우편에 계신 자요 우리를 위하여 간구하시
는 자시니라(maketh intercession for us)

그 분께서는 끝까지 구원하십니다. 그 분의 능력은 한 순간도
중단할 수 없습니다.   – 리트

히 7:25
그러므로 자기를 힘입어 하나님께 나아가는 자들을 온전히 구원
하실 수 있으니 이는 그가 항상 살아 계셔서 그들을 위하여 간구
하심이라(to make intercession for them)

예수님을 구주와 주님으로 영접한 모든 사람에게는, 예수님
을 통해 아버지께로 기도의 끊이지 않는 강물이 흐르고 있습
니다. 반대 방향으로는 아버지로부터 예수님을 통해 우리를
위한 응답이 흐르고 있고, 예수님으로부터 그 분의 몸의 각 지
체로 시기적절한 풍성한 은혜가 흐르고 있습니다. 그 분은 영
원히 함께 계십니다. 우리의 환경과 관계 없이, 일들이 얼마나

암담해 보이는지에 관계 없이, 우리가 어떻게 느끼고 있는지에 관계없이, 우리가 그 분의 선하심 안에서 계속해서 살기만 하면 그 분은 우리 안에 영원토록 함께 사십니다.

예수님은 아버지의 오른편에 계신 영원한 우리의 대제사장이십니다. － 리트

히 7:16-17
그는 육신에 속한 한 계명의 법을 따르지 아니하고 오직 불멸의 생명의 능력을 따라 되었으니 증언하기를 네가 영원히 멜기세덱의 반차를 따르는 제사장이라 하였도다

얼마나 오랫동안 예수 그리스도께서 우리의 대제사장으로 계십니까? 영원입니다!

히 8:1
지금 우리가 하는 말의 요점은 이러한 대제사장이 우리에게 있다는 것이라 그는 하늘에서 지극히 크신 이의 보좌 우편에 앉으셨으니

대제사장으로서 예수님은 그 분의 무한한 생명력으로 직분을 감당하고 계십니다. 이 무한한 생명력은 한 순간도 그치지 않습니다. 이 끊임없이 흐르고 있는 무한한 생명력 때문에 예수님의 중보에 대한 우리의 믿음과 경험도 결코 실패할 수 없습니다. － 리트

요일 2:1
나의 자녀들아 내가 이것을 너희에게 씀은 너희로 죄를 범하지 않게 하려 함이라 만일 누가 죄를 범하여도 아버지 앞에서 우리에게 대언자가 있으니 곧 의로우신 예수 그리스도시라

중보의 개념 안에는 예수님이 우리의 대변자(advocate)라는 사실이 포함되어 있습니다. 대변자란 "중재자(intercessor), 위로자(consoler)"란 의미가 있습니다. – 리트

바인의 신약 주석 사전을 보면 그리스어 'PARAKLETOS'를 요한일서 2장 1절에서 "대변자(advocate)"로 번역하였습니다. 이 단어는 법정에서 법조문 조력자, 피고를 위한 조언자, 대변자를 나타내는데 사용되었는데, 일반적으로는 다른 사람을 위해 변호하는 사람, 중재자, 대변자를 의미합니다. 넓은 의미로는 "구조자, 위로자"를 뜻합니다.

그리스도인이 죄를 지으면 예수님께서 중재하시고, 그 죄는 용서 받았다는 것과 그 죄와 죄의 흔적이 예수님의 피에 의해 씻겨져서 그 사람이 순전하고 깨끗해 졌다는 사실이 우리를 위로합니다. 그러나 그 사람이 죄 짓는 것을 그치는 것 또한 하나님의 뜻입니다. – 리트

요한일서 2장 1절은 우리가 죄를 지어도 괜찮다는 말씀이 아닙니다. 하나님은 우리가 죄를 짓지 않기를 원하십니다. 그러나 감사하게도 그 분은 "나의 어린 자녀들아, 내가 이것들을

너희에게 쓰는 것은 너희가 죄를 짓지 않게 하려 함이라"라고 말하는 것으로 그치지 않았습니다. 만일 여기서 끝났다면 우리가 죄를 짓게 되었을 때 "우리는 이제 끝났다. 모든 것이 끝장이다"라고 생각할 것입니다. 그러나 그렇지 않습니다. 이것은 전반부일 뿐이고 그 분은 이렇게 말씀하고 계십니다. "만일 누가 죄를 지으면 우리는 아버지 앞에 대변자가 있으니, 그 분은 의로우신 예수 그리스도입니다." 우리에게는 중보자가 있습니다! 우리에게는 위로자가 있습니다!

요일 5:3
하나님을 사랑하는 것은 이것이니 우리가 그의 계명들을 지키는 것이라 그의 계명들은 무거운 것이 아니로다

하나님의 가족 사랑의 법은 이렇습니다.

요 13:34
새 계명을 너희에게 주노니 서로 사랑하라 내가 너희를 사랑한 것 같이 너희도 서로 사랑하라

사랑으로 행하지 않는 모든 것이 죄입니다. 우리는 해야 할 것과 해서는 안 될 것들에 대해 지키려고 애를 쓰지만, 많은 그리스도인들이 여전히 죄를 짓고 있습니다. 왜냐하면 사랑 안에서 행하지 않기 때문이지요. 그들의 태도가 잘못된 것입니다. 여러분은 다른 사람들에 대하여 항상 사랑의 태도를 가

져야 합니다. 그렇지 않으면 죄를 짓는 것입니다. 예수님의 중보에 감사드립시다. 오늘도 이 자리에서 우리를 위해 섬기시는 그 분께 감사드립시다.

예수님께서는 약 3년 반 동안 그의 사도들을 가르치고 훈련하셨습니다. 승천하신 이후로는 이 땅의 사람들을 위해 약 2000년 동안 중보하고 계십니다. 이 사실은 기도하는 것이 얼마나 귀한 사역인지를 깨닫게 해줍니다.   - 리트

예수님은 교회만을 위해서가 아니라 이 땅 위의 모든 사람들을 위해 2000년간 중보 기도해 오셨습니다! 히브리서 7장 25절에 "그러므로 자기를 힘입어 하나님께 나아가는 자들을 온전히 구원하실 수 있으니 이는 그가 항상 살아 계셔서 그들을 위하여 간구하심이라"(히 7:25)라고 하신 것을 주의해 보십시오. 예수님의 중보자로서의 사역은 그 분이 우리의 중재자, 대제사장, 대변자, 위로자이시며 하나님 우편에서 우리를 위해 기도하시는 분으로 계신 것입니다.

제 6 장
신자의 기도 생활

> 그러므로 내가 첫째로 권하노니 모든 사람을 위하여 간구와 기도와 도고와 감사를 하되 임금들과 높은 지위에 있는 모든 사람을 위하여 하라 이는 우리가 모든 경건과 단정함으로 고요하고 평안한 생활을 하려 함이라(딤전 2:1-2)

믿는 자들에게 무엇보다 기도 생활이 첫 번째이어야 하는 것을 성령께서 사도 바울에게 말씀하셨습니다. 무엇보다도 간구 기도, 중보 기도, 감사 기도(감사; 예배의 행위로써 하나님께 감사하는 말을 함)는 모든 사람들을 위해 해야 할 것이며 왕들(대통령들)과 권세를 가진 모든 자들을 위해서 해야 합니다.

무슨 근거로 이렇게 해야 합니까? 무엇을 근거로 우리가 다른 사람들을 위해 청원하고 기도하고 중보하며 감사를 드릴 수 있습니까?

우리는 위대한 중보자이신 예수님과 하나이므로 합법적으로 그렇게 할 수 있습니다. 기도는 그 분의 중보 사역의 한 부분입니다.

위대한 중보자와 하나가 됨

우리는 중보자이신 예수님에 대하여 이미 다루었습니다. 이제 우리는 그 분과 하나가 되었으므로 또한 위대한 중보자와 하나임을 알 수 있습니다.

고전 6:17
주와 합하는 자는 한 영이니라

엡 5:30
우리는 그 몸의 지체임이라

벧후 1:4
이로써 그 보배롭고 지극히 큰 약속을 우리에게 주사 이 약속으로 말미암아 너희가 정욕 때문에 세상에서 썩어질 것을 피하여 신성한 성품에 참여하는 자가 되게 하려 하셨느니라

고전 12:27
너희는 그리스도의 몸이요 지체의 각 부분이라

그리스도는 머리이시고 우리는 그의 몸입니다. 머리와 몸은 하나입니다. 우리는 이 땅에서 예수님과 하나되어 그 분의 일을 수행합니다. 그 분은 위대한 중보자이십니다. 그러므로 우리는 기도를 포함한 그 분의 중재 사역에도 그 분과 하나입니다. 우리는 그 분의 화목케 하는 사역에도 그 분과 하나입니다.

고후 5:18-20
모든 것이 하나님께로서 났으며 그가 그리스도로 말미암아 우리를 자기와 화목하게 하시고 또 우리에게 화목하게 하는 직분을 주셨으니 곧 하나님께서 그리스도 안에 계시사 세상을 자기와 화목하게 하시며 그들의 죄를 그들에게 돌리지 아니하시고 화목하게 하는 말씀을 우리에게 부탁하셨느니라 그러므로 우리가 그리스도를 대신하여 사신이 되어 하나님이 우리를 통하여 너희를 권면하시는 것 같이 그리스도를 대신하여 간청하노니 너희는 하나님과 화목하라

월포드 리트는 이렇게 요약하고 있습니다.
"그 분은 우리의 위대한 중보자이시다. 그 분은 모든 인류의 위대한 중보자이시다. 교회는 그 분의 몸으로서 이 중보 사역에 동참하고 있다."
그러므로 우리의 기도 생활은 그 분 안에서 모형을 발견할 수 있습니다.

동일시(Identification)

우리는 우리가 중보하고 있는 사람과 스스로를 동일시해야 합니다. 예수님은 나사로의 죽음 앞에서 마리아와 마르다와 자신을 동일시하셨습니다. 그들이 고통스러워 하며 울고 있을 때 예수님은 속으로 고통스러워 하며 눈물을 흘리셨습니다. 그리고 그 분은 무덤에서 나사로를 살려 냈습니다.
로마서 12장 15절은 다른 사람들과 동일시하는 것에 대한 개념을 보여주고 있습니다. "즐거워 하는 자들과 함께 즐거

워 하고 우는 자들과 함께 울라" 참된 신자는 우는 자와 함께 웁니다. 바울은 유대인을 얻으려고 유대인과 동일시하였습니다. 바울은 율법이 없는 자들(하나님께 대하여 법이 없는 것이 아니라 그리스도께 대하여 법 아래 있는 자이지만)에게는 율법 없는 자로 동일시하여 율법 없는 자들을 얻으려 했습니다.
약한 자들을 얻기 위해서는 약한 자가 되었습니다. 무슨 방법으로든지 구원을 얻게 하기 위하여 모든 사람에게 모든 사람이 되었다고 그는 말했습니다(고전 9:19-22).   - 리트

우리가 말하고 있는 동일시라는 것은 구원을 받을 대상과 동일시하는 것입니다. 예수 그리스도, 위대한 중보자께서 우리의 모범이 되십니다. 언제나 하나님의 형태로 존재하시던 그 분께서 자신을 비우시고 종의 모양을 입으신 것은 그 분께서 자신을 인간과 동일시하신 것입니다.

빌 2:7-8
오히려 자기를 비워 종의 3)형체를 가지사 사람들과 같이 되셨고 또는 본체 사람의 모양으로 나타나사 자기를 낮추시고 죽기까지 복종하셨으니 곧 십자가에 죽으심이라

예수 그리스도께서는 우리를 구원하시려고 타락한 인간과 동일시하셨습니다. 사랑과 불쌍히 여기는 마음을 통하여 우리도 우리가 기도로 섬기는 사람들과 동일시할 수 있습니다.

제 7 장
사랑 – 성공적인 기도의 기초

사랑 – 하나님의 사랑, 아가페 – 은 성공적인 기도 생활의 첫 번째 전제 조건입니다. 당신이 하나님의 자녀라면 당신은 이 사랑을 소유하고 있습니다.

> 롬 5:5
> 소망이 우리를 부끄럽게 하지 아니함은 우리에게 주신 성령으로 말미암아 하나님의 사랑이 우리 마음에 부은 바 됨이니

당신이 거듭났을 때 하나님은 당신의 아버지가 되셨습니다. 그 분은 사랑의 하나님이십니다. 당신은 사랑의 하나님의 사랑하는 자녀입니다. 당신은 하나님께로부터 난 사람이며 하나님은 사랑이십니다. 그러므로 당신은 사랑으로 난 사람입니다. 하나님의 성품이 당신 안에 있으며 하나님의 성품은 사랑입니다.

우리는 사랑의 가족이므로 이에 속한 사람은 그 가슴에 하나님의 사랑이 부어져 있습니다. 그렇지 않은 사람은 이 가족이 아닙니다.

지금 이 사랑을 행하지 않고 있을지도 모릅니다. 이는 마치 자기 달란트를 수건에 싸서 파묻은 한 달란트 받은 사람과 같다고 할 수도 있습니다. 그러나 성경은 하나님의 사랑이 성령으로 말미암아 우리 마음에 부은 바 되었다고 선언하고 있습니다. 이 말은 하나님의 사랑이 우리 영 안에 부어졌다는 의미입니다. 이것이 바로 사랑의 가족(love family)입니다. 사랑은 그리스도의 몸이 행하는 모든 것의 기초입니다.

> 살전 4:9
> 형제 사랑에 관하여는 너희에게 쓸 것이 없음은 너희들 자신이 하나님의 가르치심을 받아 서로 사랑함이라

하나님께서 주신 가족 사랑의 법은 이것입니다.

> 요 13:34
> 새 계명을 너희에게 주노니 서로 사랑하라 내가 너희를 사랑한 것같이 너희도 서로 사랑하라

우리는 원수도 사랑하라는 명령을 받았습니다.

> 마 5:44-45
> 나는 너희에게 이르노니 너희 원수를 사랑하며 너희를 박해하는 자를 위하여 기도하라 이같이 한즉 하늘에 계신 너희 아버지의 아들이 되리니 이는 하나님이 그 해를 악인과 선인에게 비추시며 비를 의로운 자와 불의한 자에게 내려주심이라

우리가 이렇게 할 수 있는 것 – 즉 원수를 사랑하기, 우리를 저주하는 사람들을 축복하기, 우리를 미워하는 사람들에게 착한 일 하기, 우리를 모욕적으로 이용하고 박해하는 사람들을 위해 기도하기 – 은 아버지께서 우리에게 베푸신 사랑 때문입니다.

당신의 뜻과 사랑

아가페 사랑은 당신의 의지에 의한 선택을 포함합니다. 당신이 거듭났다면 이 사랑은 당신의 영 안에 있습니다. 그러나 사랑을 의지로 결정하여 실천할 사람은 바로 당신 자신입니다. 당신 안으로부터 그 사랑이 흘러 나오도록 결단해야 합니다. 우리의 원수까지 포함해서 모든 사람을 사랑하기로 결단할 수 있습니다. 누구든지 자기를 사랑하는 사람을 사랑하기는 쉽지만, 성경은 우리의 원수들까지도 사랑하라고 말하고 있습니다.

> 우리는 사랑스럽지 않은 사람들까지도 사랑하기를 선택합니다. 우리는 하나님이 사랑하시는 것과 같이 사랑해야 합니다. 이 사랑은 인류의 유익을 위해 우리의 삶을 주는 것까지 포함합니다. 이것은 단순히 육체가 죽는 것을 일컫는 것이 아닙니다. 이것은 우리 자신의 뜻과 방법을 기꺼이 포기하고 모든 사람들을 위해 기도하고 중보하기 위해 시간을 내는 것을 일컫는 것입니다. – 리트

요 15:13
사람이 친구를 위하여 자기 목숨을 버리면 이보다 더 큰 사랑이 없나니

우리가 아직 죄인이었을 때 하나님은 우리를 사랑하셔서 그리스도를 보내시고 우리 대신 죽게 하셨습니다. 우리도 이렇게 사랑해야 합니다.

우리는 우리의 생명을 인류를 위해 줄 수 있습니다. 인류를 위해 우리의 생명을 주는 방법 중의 하나는 기도에 우리를 드리는 것입니다. 이것은 희생을 요구합니다. 이것은 인류의 유익을 위해 우리 자신들의 원하는 것을 포기하는 것입니다. 자신의 뜻을 포기하고 다른 사람을 위해 기도의 시간을 갖는 데는 희생이 요구됩니다.

동정심(Compassion)

사랑은 모든 그리스도인의 행동의 기초입니다. 또한 동정심은 하나님 사랑의 요소입니다.   – 리트

이것을 우리가 어떻게 알 수 있습니까? 하나님께서는 세상을 너무나 사랑하여 예수님을 주셨습니다. 예수님은 우리를 너무나 사랑하셔서 우리를 위해 자신을 주셨습니다. 우리는 그 분의 지상 사역 중에서 동정심을 반복해서 볼 수 있습니다. 우리가 이 놀라운 진리를 볼 때 예수님께서 이렇게 말

씀하신 것을 기억합니다. "나를 본 자는 아버지를 보았다." (요 14:9)

당신이 하나님을 보기 원한다면 예수님을 보시면 됩니다. 예수님은 하나님의 뜻이 행동으로 나타난 것입니다. 예수님은 하나님의 사랑이 행동으로 나타난 것입니다. 예수님은 지상에 사시는 동안 동정심을 따라 움직이셨습니다.

> 마 9:36-38
> 무리를 보시고 불쌍히 여기시니 이는 그들이 목자 없는 양과 같이 고생하며 기진함이라 이에 제자들에게 이르시되 추수할 것은 많되 일꾼이 적으니 그러므로 추수하는 주인에게 청하여 추수할 일꾼들을 보내 주소서 하라 하시니라

> 예수님은 사람들에게 동정심을 가지셨고 우리에게도 이 동정심을 가지고 추수할 일꾼을 보내어 달라고 기도하라고 하셨습니다.   - 리트

예수님은 무리를 불쌍히 여기셔서 감동을 받으시고 병든 자를 치료하셨습니다.

> 마 14:14
> 예수께서 나오사 큰 무리를 보시고 불쌍히 여기사 그 중에 있는 병자를 고쳐 주시니라

예수님의 동정심이 4000명을 먹이시도록 인도하셨습니다.

사랑 - 성공적인 기도의 기초

마 15:32
예수께서 제자들을 불러 이르시되 내가 무리를 불쌍히 여기노라 그들이 나와 함께 있은 지 이미 사흘이매 먹을 것이 없도다 길에서 기진할까 하여 굶겨 보내지 못하겠노라

동정심으로 예수님은 눈먼 자를 고쳐 주셨습니다.

마 20:34
예수께서 불쌍히 여기사 그들의 눈을 만지시니 곧 보게 되어 그들이 예수를 따르니라

동정심으로 문둥병자를 치료하셨습니다.

막 1:40-41
한 나병환자가 예수께 와서 꿇어 엎드려 간구하여 이르되 원하시면 저를 깨끗하게 하실 수 있나이다 예수께서 불쌍히 여기사 손을 내밀어 그에게 대시며 이르시되 내가 원하노니 깨끗함을 받으라 하시니

동정심으로 예수님은 원하는 모든 사람을 치료하셨습니다(마 4:23-24, 막 6:56, 눅 6:19). 예수님은 12제자와 70명의 사도를 세상에 내보내심으로써 제자들에게 그 분의 동정심을 나누는 것을 가르치셨습니다(눅 10:1-19). 치유가 믿는 자의 표적 중 하나가 되게 하시므로 승천 후에도 그의 동정심이 지속적으로 나타나도록 하셨습니다(막 16:16-18). 그의 동정심은 그의 승천 후에도 나타났습니다(행 5:15-16; 19:11-12; 28:8-9). 예수님께서 동정심으로 감동을 받았던 모든 경우에 그 사람은 구원을 받았습니다. 인간이 가지고 있는 남을

측은히 여기는 마음은 "당신이 어떻게 느낄지 알고 있습니다. 정말 안됐습니다"라고 말합니다. 그러나 하나님의 동정심은 "나는 당신이 느끼는 것을 느낍니다"라고 말하며 구원을 가져다 줍니다. 예수님은 마리아와 마르다의 슬픔을 느끼셨고 속으로 괴로워하시며 함께 우셨습니다.   – 리트

요 11:33, 35
예수께서 그가 우는 것과 또 함께 온 유대인들이 우는 것을 보시고 심령에 비통히 여기시고 불쌍히 여기사 …… 예수께서 눈물을 흘리시더라

예수님의 동정심이 구원을 가져왔습니다. 우리도 예수님처럼 하나님의 동정심을 가진다면 반드시 구원이 있을 것입니다. 그러나 우리는 너무 오랫동안 하나님의 동정심 없이 구원을 받으려고 노력했다는 생각이 듭니다. 여기에 중보 기도가 필요한 것입니다. 성령님의 감동을 따라 우는 자들과 함께 움으로써 구원에 이르게 합니다(롬 12:15).

존 레이크 박사는 사도적 이상(apostolic ideals)으로 크게 주목받던 사역을 하셨던 분입니다. 그는 20세기 초에 남아프리카에서 놀라운 일들을 하였습니다.

요하네스버그에 있는 그의 집회에서 수많은 치유 역사가 나타났으며, 이 보고가 그 나라의 지도자들에게까지 전해졌습니다. 한 정부 관리가 어떤 고관 부인을 대신하여 도움을 구하려고 그를 찾았습니다.

레이크 박사가 그녀의 집에 가보니 그 부인은 말기 암으로

침대에 누워 있었습니다. 그는 그녀가 그리스도인임을 알았습니다. 그래서 그는 그녀에게 신유에 관한 성경 말씀을 가르쳐서 그녀의 믿음이 역사하도록 하였습니다.

그녀는 치유받기 위해 하나님을 신뢰하기로 결단했습니다. 의사들은 그녀를 포기하였고 그녀가 고통을 면할 수 있도록 진통제만 주었습니다. 그러나 그녀는 모든 투약을 중단했습니다.

"내가 치유받기 위해 하나님을 신뢰하기로 했으니까 온전히 하나님의 자비하심에 내 자신을 드리겠다"고 그녀는 말했습니다. 레이크는 "그녀가 이렇게 큰 고통 중에 있으니 그 교회 목사님 한 분과 제가 24시간 기도하며 그녀의 침대 곁에 있겠습니다. 우리가 기도하면 그녀는 나을 것입니다"라고 말했습니다.

밤새 기도한 어느날 아침, 레이크 박사는 잠깐 쉬기 위해 집에 갔다가 돌아오는 중이었습니다.

"내가 그 집에서 두 블럭 가까이 왔을 때 나는 그 여자가 고통 중에 소리를 지르는 것을 들었습니다. 그 비명 소리에 나도 몰래 하나님의 동정심 가운데 들어간 것 같습니다"라고 레이크 박사는 말했습니다.

레이크 박사는 예수님의 고통 속에 들어간 것이지요. 그는 예수님이 느끼시던 것과 똑같이 느끼기 시작했습니다. 왜냐하면 예수님은 우리가 느끼고 있는 고통의 감정에 의해 자극을 받으실 수 있기 때문입니다(히 4:15).

레이크 박사는 이렇게 회고했습니다.

"나는 내가 무엇을 하고 있는지 전혀 생각하지도 않는 상태에서 두 블럭을 달리고 있는 자신을 발견하였습니다. 아무 생각도 없이 그 방으로 뛰어 들어가 침대 끝에 앉아 뼈만 남아 어린 아기 같은 그녀를 두 팔로 끌어안고 울기 시작했습니다. 내가 울고 있는 동안 그녀는 완전히 나았습니다."

어떻게 되었는지 예수님의 동정심이, 하나님의 사랑이 그의 심장과 그의 영 안에 침투해 들어갈 수 있었던 것입니다.

헌신된 신자들은 이런 동정심 속으로 오직 한 길 – 당신은 다른 길로는 갈 수 없습니다 – 즉 하나님과 교제함으로써 들어갈 수 있습니다.

그 분의 사랑이 당신의 존재 속으로 흘러 들어가지 않고, 그 분의 동정심이 당신 속으로 흘러 들어가지 않고서는 이 우주의 위대한 하나님의 임재 가운데 당신은 앉아 있을 수 없으며 또한 하나님과 교제할 수도 없습니다.

당신이 하나님의 동정심으로 하나님과의 교제에 들어갈 때, 예수님께서 요한복음 14장에서 말씀하신 것을 당신도 할 수 있습니다.

요 14:12
내가 진실로 진실로 너희에게 이르노니 나를 믿는 자는 내가 하는 일을 그도 할 것이요 또한 그보다 큰 일도 하리니 이는 내가 아버지께로 감이라 그 분께서 하신 일은 사랑과 동정심에서 나온 것이었습니다. 기도를 포함해서 믿는 자들이 해야 할 일도 그의 사랑과 동정심의 사역을 함께 나누는 것입니다.

제 8 장
하나님의 사랑을 아는 것

그 너비와 길이와 높이와 깊이가 어떠함을 깨달아 하나님의 모든 충만하신 것으로 너희에게 충만하게 하시기를 구하노라(엡 3:19)

효과적으로 중보 기도하기 위해서는 모든 인류를 향한 하나님의 위대한 사랑을 알아야 합니다.

마 5:45
이같이 한즉 하늘에 계신 너희 아버지의 아들이 되리니 이는 하나님이 그 해를 악인과 선인에게 비추시며 비를 의로운 자와 불의한 자에게 내려주심이라

눅 6:35
오직 너희는 원수를 사랑하고 선대하며 아무 것도 바라지 말고 꾸어 주라 그리하면 너희 상이 클 것이요 또 지극히 높으신 이의 아들이 되리니 그는 은혜를 모르는 자와 악한 자에게도 인자하시니라

하나님의 사랑이 우리 안에 있으며 마음에 부은 바 되어서, 감사하지 않는 자와 악에 대해서도 하나님이 친절하시듯, 우리도 친절해야만 합니다.

누구든지 원하는 자는

하나님께서는 예수님을 영접하는 사람은 누구나 다 받을 수 있도록 구원을 선물로 주셨습니다(엡 2:8, 계 22:17). 하나님께서는 이 세상 모든 사람에게 회개하라고 명하셨습니다(행 17:30). 하나님의 자비의 손은 모든 인류에게 미치고 있습니다.

모든 사람을 위한 중보 기도는 하나님께서 그의 자비를 펼치시도록 부탁하는 기도가 아닙니다. 이것은 예수님을 통해서 하나님께서 벌써 이루신 일입니다. 우리의 중보는 주로 마귀가 사람들을 향해 역사하고 있는 멍에를 꺾는 것입니다.

> 마귀는 사람들을 눈멀게 했습니다(고후 4:3-4). 우리는 죄인들을 눈멈에서 풀어줘 빛을 볼 수 있게 해야 합니다. - 리트

몇 년 전 어느 날 오전과 저녁 예배 시간 사이에 침대에 누워 쉬고 있었습니다. 나는 성경과 공부하고 있던 책 한 권을 가지고 있었습니다. 그 때 내 마음이 아니라, 내 영 안에서 이전에 모르던 몇 가지를 깨닫게 되었습니다. 나는 그 때까지 본 적이 없는 새로운 관점에서 이 말씀을 보게 되었습니다.

> 고후 4:3-4
> 만일 우리의 복음이 가리었으면 망하는 자들에게 가리어진 것이라 그 중에 이 세상의 신이 믿지 아니하는 자들의 마음을 혼미하게 하여 그리스도의 영광의 복음의 광채가 비치지 못하게 함이니 그리스도는 하나님의 형상이니라

나는 우리가 잃어버린 영혼을 위해 기도하는데 무엇을 잘못해 왔는지 알게 되었습니다. 제가 무례하게 말하는 것은 아닙니다만 "하나님, 존 아저씨와 루시 아줌마를 구원해 주십시오"라고 말하는 것은 손가락을 굴리며 "반짝 반짝 작은 별"하고 말하는 것과 똑같이 별 효과가 없는 것입니다. 하나님께서는 이미 그들을 구원하시는 것에 관하여 해야 하실 모든 일을 이미 다 하신 것입니다. 그러나 그 날 오후까지 나는 이 사실을 몰랐습니다. 나는 내 친척들을 위해 그렇게 기도해 왔습니다. 그 날 오후 나는 주님께서 제 영에게 이렇게 말씀하시는 것을 들었습니다.

"제 정신을 가진 사람은 누구나 깜빡거리는 붉은 경고 신호등을 지나며 '다리가 끊겼음' '위험'이라고 씌어진 싸인을 지나 시속 160km로 차를 몰아 영원 속으로 뛰어 들어가지 않을 것이다. 그러나 술 취한 사람이나 약물에 취한 사람은 그럴 수 있을 것이다. 영적으로도 마찬가지다. 아무도 제 정신을 가지고서는 하나님 없이 영원 속으로 뛰어 들지 않을 것이다. 그런데 이 세상 신이 사람들의 마음을 눈멀게 하였다."

주님은 내게 이 성경 말씀을 주셨습니다.

고후 4:4
이 세상의 신이 믿지 아니하는 자들의 마음을 혼미하게 하여 …

나는 하나님의 영이 제게 도전하는 말을 들을 수 있었습니다. "너는 잘못 접근하였다. 너는 잘못된 쪽에서 일해 왔다. 너는 내가 무엇을 해주기를 바라면서 금식도 하고 기도도 했지만 내가 해야 할 일은 이미 다 했다. 피는 흘려졌으며 빛은 이미 여기에 있다. 마귀가 해 놓은 일 때문에 그 빛이 비치지 못하고 있는 것이다. 네가 해야 할 일은 그들에게 역사하는 마귀의 힘을 깨뜨리는 것이다."

중보 기도가 하나님을 변화시키는 것이 아닙니다. 하나님은 결코 변하지 않으십니다. 기도는 당신을 변화시키고 당신이 변화되면 사람을 변화시키게 됩니다. 기도가 하나님을 변화시키지 않습니다.

나는 나의 형님 더브를 위해 무엇을 해야 할 지를 알았습니다. 하나님께 그를 구원해 달라고 15년간 기도하고 금식해 왔는데 그것이 무슨 좋은 효과가 있었는지 나는 말할 수가 없었습니다. 더브는 우리 집안의 검은 양이라고 할 수 있었습니다. 이 세상에 더브가 안 해본 것은 없을 것입니다.

마귀의 힘을 꺾을 수 있도록 그에게 역사한다면 누구에게나 역사하리라는 것을 나는 알았습니다. 그 때 나는 하나님이 깨닫게 하신 방법으로 기도하기 시작했습니다.

나는 한 손에 성경을 들고 침대에서 일어나서 다른 한 손을 높이 쳐들고 이렇게 말했습니다. "주 예수 그리스도의 이름으로 내가 내 형 더브의 삶에 역사하는 마귀의 힘을 꺾노라. 내가 그의 구원받은 것을 주장한다(I claim his deliverance, 나는 그가 사탄의 멍에인 보지 못함으로부터 구원받은 것을 내 권리로 주장한다). 나는 주 예수 그리스도의 이름으로 그의 완전한 구원을 주장하며 요구한다."

3주 안에 나의 형님은 거듭났습니다. 여기서 중보 기도가 필요한 것입니다. 우리는 죄인들을 눈멈으로부터 풀어 놓아 빛을 보도록 해 주어야 합니다. 만일 우리가 사람들에게 하나님이 실제로 어떤 분인지 보여 줄 수 있다면, 사람들은 하나님을 사랑하기를 원할 것입니다. 우리는 화목케 하시는 하나님의 사역에 위대한 중보자이신 예수님과 하나가 됩니다. 확대 번역으로 이 성경 말씀을 다시 한번 살펴봅시다.

고후 5:19
곧 하나님께서 그리스도 안에 계시사 세상을 자기와 화목하게 하시며 그들의 죄를 그들에게 돌리지 아니하시고 화목하게 하는 말씀을 우리에게 부탁하셨느니라

하나님께서 스스로에게 누구를 화목케 하셨습니까? 세상입니다! 누구의 죄가 무효화 되었습니까? 세상의 죄입니다!
사람들은 지옥에 가게 되고 그들이 지옥에 갔을 때 우리가 그들에게 진리를 말해 주지 않았다는 사실을 알게 되는 것은 정말 끔찍한 일입니다.
우리는 그들에게 모든 것이 무효화 되었다는 것을 말해주지 않았습니다. 구원받지 않은 사람들의 죄도 예수님에 의해 무효화 되었습니다. 이것이 바로 하나님께서 하나님께 감사하지 않는 사람들과 악한 사람들에게도 친절하신 것입니다. 하나님은 우리에게 화목케 하는 말씀을 주셨습니다.

그런데도 우리는 이렇게 설교해 왔습니다. "여러분이 조심하지 않으면 하나님께서 가만두지 않을 것입니다. 하나님이 여러분을 잘하나 못하나 보시며 뒤따라 가고 있습니다."

사람들은 "절대 그러지 말아라. 네가 그런 일을 하면 예수님이 널 사랑하지 않을 것이다"라고 말하며 자기 자녀들을 훈계해 왔습니다.

그것은 거짓말입니다. 예수님은 아이들이 그렇게 하는 것을 원하지 않을지라도 어떻든지 그들을 여전히 사랑하실 것입니다.

"네가 그렇게 하면 하나님이 너를 사랑하지 않을 것이다"라고 아이들에게 말하는 것은 그들이 하나님의 사랑의 빛을 볼 수 없는 마음으로 자라도록 합니다. 사람들을 그런 잘못된 가르침에서 빠져 나오게 하는 것은 매우 어려운 일입니다.

하나님은 우리에게 화목케 하는 일을 맡기셨습니다. 우리는 사람들이 죄책감이 들도록 설교해야 한다고 생각하곤 했습니다. 말하자면 사람들의 머리를 한 대씩 때려 준 것이지요.

그래서는 안됩니다! 하나님의 영이 그들의 잘못을 생각나게 해줄 것입니다.

우리의 일은 화해시키는 것입니다. 우리가 사람들로 하여금 하나님이 실제로 어떤 분이신지 볼 수 있게만 한다면 사람들은 하나님을 사랑하고 싶어질 것입니다.

제 9 장
담대함

그러므로 우리는 긍휼하심을 받고 때를 따라 돕는 은혜를 얻기
위하여 은혜의 보좌 앞에 담대히 나아갈 것이니라(히 4:16)

효과적인 기도는 담대함이 있습니다. 우리는 하나님의 보좌 앞에 담대함을 가지고 나옵니다. 어디서 담대함을 얻을 수 있습니까? 예수님 안에서 입니다!

엡 3:11-12
곧 영원부터 우리 주 그리스도 예수 안에서 예정하신 뜻대로 하신 것이라 우리가 그 안에서 그를 믿음으로 말미암아 담대함과 확신을 가지고 하나님께 나아감을 얻느니라

우리가 담대함을 달라고 기도하는 것은 좋은 일입니다. 사실은 꼭 기도해야 하는 것입니다. 그러나 당신은 믿음을 달라고 기도할 필요는 없습니다. 성경은 말씀하기를 "믿음은 들음에서 나며 들음은 그리스도의 말씀으로 말미암았느니라"(롬 10:17)라고 말하고 있습니다. 그러므로 당신은 어떻게 믿음을 얻는

지 알고 있습니다. 믿음은 하나님의 말씀을 듣고 그 말씀을 실천함으로써 증가되는 것입니다.

성경은 우리가 담대함을 달라고 기도할 것을 보여주고 있습니다. 베드로와 요한은 미문이라 불리는 대문 곁에 앉아 있는 앉은뱅이에게 예수 이름을 담대하게 사용하였습니다. 그들은 그 곳에 모여든 군중들에게 예수님의 이름을 선언할 때도 담대했었습니다.

유대인 관리들은 그들의 담대함을 알아차리고 그들에게 예수 이름으로 더 이상 설교하지 말고 가르치지도 못하도록 명령했습니다(행 4:13). 그들은 풀려나자 동료들에게 가서 제사장과 장로들이 그들에게 말한 대로 보고했습니다. 그러자 믿는 자들이 모두 모여 목소리를 높여서 한 목소리로 하나님께 기도했습니다.

> 행 4:29-30
> 주여 이제도 그들의 위협함을 굽어보시옵고 또 종들로 하여금 담대히 하나님의 말씀을 전하게 하여 주시오며 손을 내밀어 병을 낫게 하시옵고 표적과 기사가 거룩한 종 예수의 이름으로 이루어지게 하옵소서 하더라

그 기도는 응답되었습니다!

> 행 4:31
> 빌기를 다하매 모인 곳이 진동하더니 무리가 다 성령이 충만하여 담대히 하나님의 말씀을 전하니라

바울은 에베소에 있는 교회에 자신을 위해 기도해 줄 것을 요청했습니다. 믿음의 사도, 신약성경의 반을 쓴 위대한 하나님의 사람도 이렇게 말했습니다.

엡 6:18-21
모든 기도와 간구를 하되 항상 성령 안에서 기도하고 이를 위하여 깨어 구하기를 항상 힘쓰며 여러 성도를 위하여 구하라 또 나를 위하여 구할 것은 내게 말씀을 주사 나로 입을 열어 복음의 비밀을 담대히 알리게 하옵소서 할 것이니 이 일을 위하여 내가 쇠사슬에 매인 사신이 된 것은 나로 이 일에 당연히 할 말을 담대히 하게 하려 하심이라 나의 사정 곧 내가 무엇을 하는지 너희에게도 알리려 하노니 사랑을 받은 형제요 주 안에서 진실한 일꾼인 두기고가 모든 일을 너희에게 알리리라

바울을 위한 에베소 사람들의 기도는 간구의 기도였습니다.

행동으로 옮기는 담대함

우리에게는 행동으로 옮기는 담대함이 필요합니다. 중보 기도 중에 가끔 성령님께서는 우리에게 기도하는 사람에게 찾아가라고 하실 때가 있습니다.

스포케인의 위대한 중보 기도자 찰리 홀랜스워스의 삶 가운데 있었던 한 사건을 살펴보겠습니다. 어느날 그가 어떤 사람들을 위해 중보 기도에 몰입했습니다. 그는 미처 자신이 누구를 위해 중보하는지 몰랐습니다. 성령 안에서 괴로워 하며 한동안 기도한 후에 성령님께서 그에게 몬로가의 다리로 가라

고 명령하셨습니다. 그가 다리 중간쯤에 도착했을 때 성령님께서는 죽으려고 다리 난간에 한쪽 다리를 걸치고 있는 한 남자를 가리키셨습니다. 찰리는 차를 빨리 멈추고 그 사람을 붙잡았습니다. 그는 그 사람을 설득해서 그의 차에 태웠습니다. 그를 데리고 차를 몰아 조용한 곳으로 갔습니다. 그 사람이 주 예수를 그의 구주로 영접하도록 하는데는 두 세 시간쯤 걸렸습니다. — 리트

우리가 무엇을 기도해야 할지 몰라도 감사하게도 성령님은 알고 계십니다. 우리는 하나님의 말씀대로 행하는 담대함이 필요합니다. 우리는 성령님께서 우리에게 말씀하시는 대로 행하는 담대함이 필요합니다. 하나님의 영이 교회를 통하여 담대하게 기도하고 행동에 옮기는 사람들을 찾고 계신 것을 느낄 수 있습니다. 성령님은 그런 사람들을 필요로 하십니다. 많은 사람들이 직업과 의무 때문에 마음을 다하여 자신을 중보 기도에 드리지 못하고 있습니다. 그러나 제가 발견한 사실은 당신이 무엇을 하든지 일하면서 속으로 기도할 수 있다는 것입니다.

당신이 하나님의 일에 기꺼이 드리지 않는다면, 하나님은 당신에게 중보 기도의 부담을 주시지 않을 것입니다. 당신의 일이 기도하면서 할 수 있는 일이라면, 하나님께서 당신이 누군가를 위해 기도하라고 하실지도 모릅니다. — 리트

어떤 직업은 일하는 도중에 기도하기가 매우 어려운 것도 있습니다. 그러면 하나님께서는 다른 사람을 찾으실 것입니

다. 그러나 어떤 직업은 – 특히 머리를 써서 하는 일이 아니고 주로 손으로 하는 일이라면 – 일하면서도 기도할 수 있습니다. 기도의 부담이 오거든 떨쳐버리지 말고 담대히 행동에 옮기십시오.

제가 목회하고 있던 어느날 누군가를 방문하기 위해 운전을 하고 있었습니다. 갑자기 나는 내 동생을 위해 기도하고 싶은 충동을 느꼈습니다. 그 당시 제 동생은 믿다가 타락한 상태로서 주님과 동행하고 있지 않았습니다. 내 안에서 경보 신호가 울렸던 것입니다. 그래서 나는 사람들과 대화 중에도 속으로 기도했습니다. 내 속에서 무엇인가가 그를 위해 하나님을 향하여 도움의 손을 내뻗고 있었습니다.

이런 기도 부담이 사라지기까지 2~3일간 계속 기도했습니다. 무슨 일인지는 나도 알지 못했습니다.

나중에 대화 중에 내 동생이 내게 말했습니다. 이것은 확실히 말할 수 있습니다. "요전 날 주님께서 확실히 나를 도와 주셨어."

그 당시 그는 목장 사업을 하고 있었습니다. 그는 목장에서 자신이 들고 있던 약 20리터들이 휘발유통이 폭발했지만 조금도 다치지 않았다고 말했습니다. 그것을 본 사람들은 모두 놀랬다고 말했습니다. 목장 주인은 "평생에 이런 것을 본 적이 없다. 내가 본 사실조차 믿을 수 없다"고 말했다고 했습니다. 그러나 이 사건이 있기 3일 전에 내가 기도했습니다. 나는 기도 부담을 떨쳐버리지 않고 순종한 것에 만족했습니다.

하나님은 그가 믿다가 타락한 상태로 남아 있기를 원하지 않으신다는 것을 알 수 있습니다.

내가 기도하지 않았더라면 무슨 일이 일어났겠습니까? 만일 찰리 홀랜스워스가 하나님의 영에 아무 반응도 보이지 않았더라면 어떠했겠습니까? 그가 누구를 위해 중보 기도를 해야 하는지도 몰랐을 때 중보 기도하지 않았더라면 어떠했겠습니까? 만일 그가 너무 바빴거나 성령님의 인도에 반응을 보이지 않고 왜 그 다리로 가는지 알지도 못한 채 그 다리로 달려가지 않았더라면 어떠했겠습니까?

의심할 것도 없이 그 사람은 지옥에 갔을 것입니다. 하나님의 심판대 앞에 섰을 때 지옥에 있는 어떤 사람들이 우리를 가리키면서 "당신 책임입니다"라고 말하는 것을 생각만해도 정신이 아찔합니다.

보좌 앞에서 담대함

사 43:25-26
나 곧 나는 나를 위하여 네 허물을 도말하는 자니 네 죄를 기억하지 아니하리라 너는 나에게 기억이 나게 하라 우리가 함께 변론하자 너는 말하여 네가 의로움을 나타내라

여기 언약을 지키시는 하나님께서 이스라엘에 하신 도전이 있습니다. 이것은 교회에 대한 도전이기도 합니다. 하나님께서 이스라엘과의 언약을 지키셨다면 우리와도 그의 언약을 지

키실 것입니다. 믿는 자는 다른 언약에 따른 권리 뿐만 아니라 기도와 관계된 언약에 따른 권리도 가지고 있습니다.

그러나 기도 생활에서 모든 신자들이 가지고 있는 문제가 아직 하나 남아 있습니다. 우리가 하나님 앞에 나올 때 우리는 죄의식이나 열등감을 갖게 됩니다. 어떤 사람은 기도할 때 "나는 너무나 연약하고 보잘 것 없습니다"라고 시작해서 끝까지 그들의 약한 것과 보잘 것 없는 것에 대해서만 말합니다.

그런 사람들은 믿음 없이 자신들을 정죄하는 말을 하면서 하나님의 임재 안으로 들어옵니다. 그들은 하나님께서 들으시는지 안 들으시는지 모릅니다. 그들이 하는 것은 부스러기라도 달라고 구걸하는 것 뿐입니다.

그러나 하나님께서 말씀하신 것을 보십시오. "나 곧 나는 나를 위하여 네 허물을 도말하는 자니 네 죄를 기억하지 아니하리라"(사 43:25)

왜 하나님은 우리의 죄를 지워 버리겠다고 하셨습니까? 자신을 위해서, 즉 그래야 하나님께서 우리에게 복 주실 수 있기 때문입니다. 그렇게 하지 않고서는 우리에게 복 주실 수 없으십니다.

하나님께서 우리의 죄를 도말하시고 우리가 잘못한 것을 기억조차 하지 않으신다는 것을 알게 될 때 우리는 하나님께 확신을 가지고 나올 수 있습니다. 우리는 믿음으로 나갈 수 있습니다. 죄의식을 버리고 아들 의식을 갖게 됩니다. 우리가 소유하고 있는 호화 주택 앞에서 호의를 구걸하며 쭈그리고 앉아 있을 필요가 없습니다. 우리는 담대하게 하나님과 교제하기 위해 문 앞을 통과하여 보좌가 있는 방으로 들어갈 수 있습니다.

우리는 하나님의 자녀들입니다. 우리는 예수 그리스도와 함께 공동 상속자입니다. 우리는 언약의 사람입니다. 우리는 합법적 권리를 소유하고 있습니다. 복음의 권리입니다. 자녀의 권리입니다. 가족의 권리입니다. 하나님의 보좌가 있는 곳에 들어갈 우리 몸의 권리입니다.

예수님께서 아버지의 임재 안에 들어가셨을 때 예수님께서 "오, 부끄럽구나"라고 하시면서 새끼손가락은 밖에 남겨 두고 머리만 가지고 들어가신 것이 아닙니다. 그럴 수 없습니다! 그분은 자기 새끼손가락 하나 조차도 정죄하지 않으셨습니다. 우리는 그리스도의 몸입니다. 이것은 몸도 머리와 같이 똑같은 확신과 자신감을 가지고 하나님의 임재 가운데 들어갈 수 있다는 뜻입니다. 담대하게 말입니다!

제 10 장
신자의 기도 생활 요소들

이제 효과적인 기도 생활의 요소에 대해 알아보겠습니다.

열정

약 5:16-18
그러므로 너희 죄를 서로 고백하며 병이 낫기를 위하여 서로 기도하라 의인의 간구는 역사하는 힘이 큼이니라 엘리야는 우리와 성정이 같은 사람이로되 그가 비가 오지 않기를 간절히 기도한즉 삼 년 육 개월 동안 땅에 비가 오지 아니하고 다시 기도하니 하늘이 비를 주고 땅이 열매를 맺었느니라

효과적인 기도에는 열정이 필요합니다. 성경은 우리에게 항상 "성령 안에서 열정적이 되라"(롬 12:11)고 가르치고 있습니다. W. E. 바인은 로마서 12장 11절에 "열정적"(fervent)이라고 번역된 이 단어는 "뜨거운(to be hot)", "들끓는(to boil)" 것을 의미한다고 했습니다. 스트롱의 성경 사전은 사실적으로 표현해서 진지한 것이라고 덧붙였습니다. 에바브로는 골로새 성도들을 위해 기도에 "열정적으로 수고한다"(laboring fervently)고 했습니다. 그리스어 "agonizomai"는 영어로 "laboring fervently"로 번역되었는데 이것은 레슬링에서 힘쓰고 겨루는 것을 의미하고 있습니다.

사모함(Desire)

> 고후 7:6-7
> 그러나 낙심한 자들을 위로하시는 하나님이 디도가 옴으로 우리를 위로하셨으니 그가 온 것뿐 아니요 오직 그가 너희에게서 받은 그 위로로 위로하고 너희의 사모함과 애통함과 나를 위하여 열심 있는 것을 우리에게 보고함으로 나를 더욱 기쁘게 하였느니라

고린도 성도들의 사모함, 즉 그들의 진지한 갈망을 디도가 알게 되었고 그는 이것을 바울에게 전했습니다. 진정한 하나님을 찾는 부르짖음, 진정으로 하나님께 드리는 기도, 하나님에 대한 진실된 갈망이 우리의 영을 사로잡게 되면 무엇인가 일어납니다. 하나님께서 당신이 중보 기도하도록 어떤 부담감을 당신 가슴 속에 떨구어 놓으시면 이 부담감(혹은 하나님께서 당신 가슴 속에 두신 것이 무엇이든지)은 당신에게 가장 중요한 문제가 되어야 합니다. 응답 받고자 하는 갈망이 강해져서 모든 힘을 다 빨아들이게 될 때 성취의 시간은 멀지 않은 것입니다. 이런 사모함이 응답을 가져 옵니다. 이것은 창조적인 열망입니다.   - 리트

1942년 겨울, 나는 하나님이 움직이시기를 바라는 열망에 사로잡히게 되었습니다. 이것은 내가 만들어 낸 것이 아니라

의심할 바 없이 하나님께서 주신 것이었습니다. 하나님의 영이 움직이므로 일어나는 일 – 부흥 같은 것들 – 은 언제나 지난 주에 누군가 기도했기 때문에 일어나는 것이 아니라는 사실을 알 수 있습니다. 이런 일은 지난 해 한 해 동안의 기도의 결과입니다.

1942~1943년 겨울은 제가 무거운 기도 부담에 사로 잡혀서 기도하며 텍사스 동부의 한 교회의 목사로 있던 때입니다. 그 당시는 전쟁 중이었으므로 많은 교회들은 메말라 있는 듯 했습니다. 사람들은 전쟁터에 나가거나 군수품 공장에 다니는 일 등으로 바빴습니다. 우리 오순절 교회들은 풍성한 방언과 방언 통역은 있었지만 좀처럼 성령님의 나타나심이나 은사는 보지 못했습니다.

나는 거의 무의식적으로 이렇게 기도하고 있었습니다. "사랑하는 주님, 성령의 더 강한 은사와 성령의 나타남을 주십시오 … 특별한 믿음의 은사 … 기적의 역사 … 치유의 은사들 … " 얼마나 여기에 빠져 있었던지 나는 새벽 3시나 4시경에 거실에 나와 무릎을 꿇고 기도하곤 했습니다. 거의 매일 밤 그렇게 했습니다. 밤늦게까지 깨어 있는 날도 여러번 있었습니다. 아내를 깨우지 않으려고 침대에서 나왔습니다(나는 조용히 저 혼자 기도를 많이 합니다만 이 경우에는 조용할 수가 없었습니다. 마치 터질 것만 같은 기분이었습니다). 나는 거실에 나와 기도하면서 내가 어떻게 여기에 나와 있을까 의아해 하는 자신을 발견하기도 했습니다. 무의식 속에서도 "성령님의 더 크고 더 강한 나타남이 있기 원합니다"라고 기도하는 자신을 발견한 경우가 여러번 있었습니다.

1943년 2월 23일날 5시간 45분 동안을 기도한 후에 하나님은 내게 무엇인가를 말씀하기 시작하셨습니다. 나는 연필을 들고 기록했습니다. 그 분은 "2차 대전이 끝나면 아메리카에 신유의 부흥이 올 것이다"라고 말씀하셨습니다. 그 때가 전쟁이 끝나기 2년 전이었습니다. 전쟁은 1945년 8월말까지 끝나지 않았고 이 일은 1943년에 있었던 일입니다.

19개월 후인 1944년 9월 나는 하나님의 성회의 "그리스도 대사들의 대회"에서 말씀을 전하고 있었습니다. 나는 다른 주제로 시작은 했지만 내 속에서 불타고 있는 것 때문에 나는 이 주제를 말하게 되었고 주님께서 내게 말씀하신 것을 전했습니다. 나는 "전쟁이 끝난 후에 일어날 일에 대해 미리 좀 보여 드리기 원합니다. 아메리카에 신유의 부흥이 올 것입니다"라고 말했습니다.

이 말을 마치자마자 하나님의 능력이 온 무리 위에 임했습니다. 누군가 그들에게 하라고 한 것처럼(나는 물론 말하지 않았습니다) 모든 목사들이 일어나 강단으로 달려 나갔습니다. 모든 사람이 바닥에 무릎을 꿇었습니다. 나는 평생에 이런 장면을 본 적이 없었습니다.

하나님의 영으로 인하여 하나님께 감사드립니다. 기도로 인하여 하나님께 감사드립니다. 신유 부흥이 임한 것입니다. 신유 부흥은 1947년에 시작되었습니다. 신유 부흥은 사람들이

– 나만이 아니라 다른 사람들도 – 1943년에 기도했기 때문에 임했습니다. 제가 이것을 기도하고 있을 때 그것은 불타는 열망이었습니다. 하나님께서 신유 부흥에 나를 사용할 것인가에 대해서는 관심도 갖지 않았고 생각도 하지 않았습니다. 실제로는 하나님께서 나를 써 주시기를 원하지도 않았습니다. 무대 뒤에서 아무도 보지 않아도 기도할 수만 있다면 내게는 그냥 좋은 일로 여겼습니다.

하나님은 교회를 통해서 땅 위에서 자신의 뜻을 이루어 가십니다. 만일 사람들이 이 부담(기도의 부담)에 아무 반응을 보이지 않는다면 어떻겠습니까? 이 기도의 부담은 어디서 오는 것입니까? 우리 스스로 만들어 냈습니까? 아닙니다! 하나님께서 우리 가슴에 놓아둔 것입니다. 그것은 불타는 열망이었습니다. 만일 우리가 반응하지 않았다면 어떻게 되었겠습니까? 응답해야만 하는 것은 아닙니다. 우리는 로봇이 아닙니다. 하나님은 우리로 하여금 무엇을 강요하지 않습니다. 우리는 우리의 의지를 가지고 있습니다. 하나님의 영에게 반응하기 위해서는 우리가 원해야 합니다. 하나님의 영은 강제력을 사용하지 않으십니다. 강제로 하신다면 모든 사람을 오늘 구원하시고 내일 천 년 시대로 들어가게 될 것입니다. 사람들을 몰아대고 강요하는 자는 마귀와 귀신들입니다. 성령님은 인도하시고 안내하십니다. 그 분은 부드럽게 자극하실 뿐입니다.

하나님의 영에 반응하기로 결단하십시오. 기도하라는 촉구에 응답하십시오. 어떤 경우에는 인도하심이 있고 어떤 경우에는 부담이 있습니다. 그 분께 민감해지십시오. 너무 정신적인 세계에 살고 있기 때문에 가끔 우리는 그 분께서 우리의 영에게 말씀하시는 것에 대하여 둔감합니다. 그러면 우리는 이런 것들을 지나쳐 버립니다.

> 어떤 사람들은 얼마동안 무엇인가가 우리 가슴 속에 최고의 열망이 되는 것에 대해 반대하기도 합니다. 그런 사람들은 당신에게 최고의 열망은 주님께 있어야 한다고 말합니다.
> – 리트

하나님께서 당신 가슴 속에 그 사모함을 주시면 그것이 주님께 대한 최고의 열망입니다. 하나님이 당신 속에 거하십니다. 그 사모함을 활발하게 하시는 분이 하나님이십니다. 사람들이 구원받는 것이 하나님의 최고의 열망입니다.

9장에서 말한 그 사람이 다리에서 뛰어내려 자살하지 않는 것이 하나님의 최고의 열망입니다. 그 사람은 하나님께서 기도하기 시작한 어떤 사람을 발견할 수 있었던 – 하나님의 영에 반응할 수 있을 만큼 하나님의 영에게 가까이 있어서 그 곳까지 운전하고 갈 수 있었던 사람 – 그 곳에 있게 되었던 것입니다. 하나님의 최고 열망이 그 자신의 최고 열망이 되게 한 하나님의 자녀가 있었기에 그 사람의 생명은 보전되었고 그는 거듭나게 되었습니다.

> 하나님은 어떤 것에 대해서도 미지근하지 않으십니다. 그것이 하나님의 최고 열망이라면 이 일을 위해 중보 기도의 부

르심을 받은 사람에게도 최고의 열망이 됩니다. 이것은 하나님과 협력하는 것입니다. "우리는 하나님의 동역자들이요" (고전 3:9) — 리트

인내(Perseverance)

엡 6:18
모든 기도와 간구를 하되 항상 성령 안에서 기도하고 이를 위하여 깨어 구하기를 항상 힘쓰며 여러 성도를 위하여 구하라

효과적인 기도는 인내의 요소를 포함해야 합니다. 월포드 리트는 이렇게 요약합니다:

성령께서 어떤 사람의 가슴에 중보 기도의 부담을 주시면 응답이 오거나 그 부담이 없어질 때까지 중보 기도는 중단되어서는 안됩니다. 대부분의 경우 누구를 위해 기도하는지도 모릅니다. 이 부담은 여러 시간 혹은 며칠 동안 지속되기도 합니다. 나는 평상시 일을 하지만 그 동안 줄곧 내 영 안에는 내적 탄식함이 있습니다. 내가 하나님과 함께 있을 수 있는 기회가 오면 그 부담은 더 커집니다. 따라야 할 법칙이 있는 것은 아닙니다. 각자는 하나님께서 인도하시는 대로 기도해야 합니다. 꾸준히 지속하는 것이 중요한 이유는 이 부담을 떨쳐 버리고 잊어버리기가 쉽기 때문입니다. 어떤 사람의 생명이 당신의 중보 기도에 달렸다는 것을 느끼게 되면 두려운 책임감이 동반됩니다. 오직 소수의 신자들만이 이 책임을 감당합니다. 그러므로 기꺼이 이 일을 감당하는 사람들은 보통 매우 바빠지게 마련입니다. — 리트

금식

삼상 10:7
이 징조가 네게 임하거든 너는 기회를 따라 행하라 하나님이 너와 함께 하시느니라

효과적인 기도는 때때로 금식을 포함합니다.

어떤 경우에는 금식이 필요합니다. 금식에 어떤 간단하고 확실한 법이 있는 것은 아닙니다. 기회가 있는 대로 기도 용사는 금식할 것입니다. 금식이 필요하다고 생각되어지면 금식합니다.   – 리트

교회를 위해 쓴 책인 모든 서신서를 찾아보더라도 단 한번도 교회에서 금식하라고 말하고 있지는 않습니다. 그렇다고 우리에게 금식하지 말라고 하는 것은 아닙니다. 금식이란 말은 있지만 아무 법칙도 없고 교회가 금식하도록 권하지도 않고 있습니다. 금식에 관한 규칙이 없는 이유는 금식은 금식할 경우가 생기면 하도록 되어 있기 때문입니다. 금식이 하나님을 변화시키는 것은 아닙니다. 하나님은 당신이 금식하기 전이나 금식하는 동안이나 금식을 끝낸 후에도 똑 같으십니다. 그러나 금식은 당신을 변화시킬 것입니다. 금식은 당신이 육신을 다스리도록 도움을 줍니다.

금식은 당신이 하나님의 영에 좀 더 민감해지도록 해줍니다. 주님께서 당신에게 금식하라고 말씀하실지도 모릅니다.

주님은 제게 특별한 경우에 금식하라고 말씀하셨습니다. 그렇지만 나는 한번도 3일 이상 금식하도록 인도 받은 적은 없습니다(이 주제에 대해서는 해긴 목사님의 금식에 관한 안내서를 보십시오).

제 11 장
성령님 – 우리의 기도를 돕는 분

성령님은 우리를 위해 중보 기도하십니다.
성령님은 우리가 기도할 때 도우시기도 합니다.

롬 8:26-27
이와 같이 성령도 우리의 연약함을 도우시나니 우리는 마땅히 기도할 바를 알지 못하나 오직 성령이 말할 수 없는 탄식으로 우리를 위하여 친히 간구하시느니라 마음을 살피시는 이가 성령의 생각을 아시나니 이는 성령이 하나님의 뜻대로 성도를 위하여 간구하심이니라

티 제이 맥크로산 박사는 유명한 그리이스어 전공 교수였는데 그의 저서 「육체의 치유와 속량(Bodily Healing and the Atonement)」에는 "돕는다"라고 번역된 그리이스어에 관해 매우 의미 있는 내용을 포함하고 있습니다.

"돕는다"라고 번역된(sunantilambanetai) 단어는 재귀동사 'sunantilambanomai' 의 삼인칭 단수 현재 시제의 동사입니다. '함께' 라는 뜻의 'sun' 과 '반대하여' 란 뜻의 'auti' 와

'잡다'란 뜻의 'lambano'의 합성어로서 "무엇에 대항하여 함께 붙잡다"라는 뜻을 가지고 있습니다. 그러므로 로마서 8장 26절은 "성령께서 누군가와 함께 질병에 대항하여 함께 잡고 있다"라고 말하고 있습니다. 누구와 함께 입니까? 우리들과 함께 입니다.　　　　　　　　　　　　　- 맥크로산

맥크로산 박사는 연약함의 한쪽 면을 다루고 있는데, 성령께서 우리와 함께 우리의 연약함이나 모든 종류의 약함에 대항하여 함께 잡고 있다고 말할 수 있습니다.

내가 만일 강단에서 "예배 후에 몇 분만 남아서 피아노를 강단 저쪽으로 옮기는 것을 도와 주시기 바랍니다"라고 말한다면 이 말은 내가 어떤 다른 사람들과 함께 피아노의 무게에 대항하여 함께 들기를 원한다는 것을 의미할 것입니다.

성령님은 도와주십니다. 성령님은 약함을 대항하여 우리를 붙잡아 주십니다. 내가 대항하여 아무 것도 잡는 것이 없다면 그 분도 하실 일이 없습니다. 우리가 먼저 붙잡아야 그 다음에 성령님도 우리를 도와 주십니다. 로마서 8장 26절은 성령님께서 우리를 대신하여 기도하신다고 말하고 있지 않습니다. 그 분은 우리를 도와주십니다. 만일 성령님께서 우리를 대신하여 기도하신다면 우리의 기도 생활에 대해 그 분께 책임을 지우는 것이 될 것인데 이것은 성경 말씀과 일치하지 않습니다.

4복음서에서 예수님이 성령님에 관해 말씀하신 것을 읽어 보십시오.

요 14:16-17, 26
내가 아버지께 구하겠으니 그가 또 다른 보혜사를 너희에게 주사 영원토록 너희와 함께 있게 하리니 그는 진리의 영이라 세상은 능히 그를 받지 못하나니 이는 그를 보지도 못하고 알지도 못함이라 그러나 너희는 그를 아나니 그는 너희와 함께 거하심이요 또 너희 속에 계시겠음이라 내가 너희를 고아와 같이 버려두지 아니하고 너희에게로 오리라 (26) 보혜사 곧 아버지께서 내 이름으로 보내실 성령 그가 너희에게 모든 것을 가르치고 내가 너희에게 말한 모든 것을 생각나게 하리라

그리스어의 파라클레트(Paraclete)는 여기에서 "위로자"로 번역되었는데 문자적으로 말하면 "돕기 위해 옆에 부름받은 분"입니다.

확대 번역은 다음과 같이 이 단어의 7가지 의미를 보여주고 있습니다: 위로자(comforter), 상담자(counselor), 돕는 자(helper), 중보자(intercessor), 대변자(advocate), 강하게 하시는 분(strengthener), 대기하는 자(standby).

성령님은 성도들이 할 일을 대신하기 위해 보내심을 받은 것이 아니라, 성도들이 하는 일을 도와 주려고 오신 것입니다. 예수님은 제자들에게 성령 세례를 받을 때까지 예루살렘에서 기다리라고 말씀하셨습니다.

행 1:8
오직 성령이 너희에게 임하시면 너희가 권능을 받고 예루살렘과 온 유대와 사마리아와 땅 끝까지 이르러 내 증인이 되리라 하시니라

여기서 권능으로 번역된 그리스어의 또 한가지 의미는 능력입니다. 다른 말로 하면 "성령이 너희에게 오신 후에 너희는 능력을 받게 될 것이다" 입니다. 무엇을 할 수 있는 능력일까요? 증인이 되는 능력입니다. 성령께서 증거하시는 것이 아니라 당신이 증거하는 것을 성령의 능력으로 도와주시겠다는 것입니다.

이와 같이 성령님이 당신을 위해 기도하시는 것이 아니라 그 분의 능력으로 당신이 기도할 수 있도록 도와 주시겠다는 것입니다. 우리의 삶에 대한 책임은 우리가 가지고 있습니다. 복음을 전파할 책임도 우리에게 있습니다. 우리에게 기도할 책임이 있고 성령님은 우리를 도와 주시는 분입니다.

제 12 장
성령님과 우리의 연약함

이와 같이 성령도 우리의 연약함을 도우시나니 우리는 마땅히 기도할 바를 알지 못하나 오직 성령이 말할 수 없는 탄식으로 우리를 위하여 친히 간구하시느니라(롬 8:26)

"연약함(infirmities)"이란 무엇을 말합니까? 바인이 쓴 신약 단어 해석 사전은 이를 "힘의 결여, 연약함, 결과를 창출할 능력이 없는 것"을 나타낸다고 정의하고 있습니다. 돕는 자이신 성령님이 없다면 우리의 연약함 때문에 우리는 기도 응답을 받지 못할 것입니다.

무지함

"무지는 연약함입니다"라고 리트는 지적했습니다. 우리가 항상 알고 있는 것은 아닙니다. 원수는 무지를 통해 우리를 이용할 것입니다. 하나님은 말씀하시기를 "내 백성이 지식이 없어 망한다"(호 4:6)고 하셨습니다.

또한 우리도 무엇을 기도해야 할지 모르면 정확한 기도를 할 수 없습니다. 그래서 이 연약함을 도와주실 성령님이 우리에겐 필요합니다.

바울은 골로새 성도들이 알게 되기를 원한다고 기도했습니다. 이 기도에서 우리는 동료 그리스도인들을 위해 어떻게 기도하는지를 알 수 있습니다.

> 골 1:9
> 이로써 우리도 듣던 날부터 너희를 위하여 기도하기를 그치지 아니하고 구하노니 너희로 하여금 모든 신령한 지혜와 총명에 하나님의 뜻을 아는 것으로 채우게 하시고

하나님의 뜻과 하나님의 말씀은 서로 연결되어 있습니다. 하나님께서는 그 분의 뜻을 나타내시기 위하여 말씀을 우리에게 주셨습니다.

우리는 그 분의 말씀으로 우리의 마음을 새롭게 해야 합니다. 그래서 주어진 어떤 상황에서든지 우리 마음에 처음 떠오르는 것이 곧 이 주제에 대해 하나님께서 우리에게 주신 말씀이 되도록 해야 합니다.

> 롬 12:2
> 너희는 이 세대를 본받지 말고 오직 마음을 새롭게 함으로 변화를 받아 하나님의 선하시고 기뻐하시고 온전하신 뜻이 무엇인지 분별하도록 하라

하나님께서는 우리에게 말씀을 주셨습니다. 성령님께서는

이 말씀을 통해 우리가 기억할 수 있도록 해주십니다. 그러므로 우리가 하나님의 말씀을 알고 있다면 하나님의 뜻을 알고 있는 것입니다.

> 요 14:26
> 보혜사 곧 아버지께서 내 이름으로 보내실 성령 그가 너희에게 모든 것을 가르치고 내가 너희에게 말한 모든 것을 생각나게 하리라

하나님께 감사할 것은 말씀이 완전히 다루고 있지 않는 것들에 대해서는 거룩한 분으로부터 오는 성령의 기름 부으심(unction)이 우리에게 있다는 것입니다.

> 요일 2:20
> 너희는 거룩하신 자에게서 기름 부음을 받고 모든 것을 아느니라

인식의 둔함(Dullness of Perception)

> 인식이 둔한 것도 연약함입니다. 예수님께서는 누가복음 24장 25절에서 "오 어리석은 자들아 선지자들이 말한 것을 마음에 더디 믿는 자들아"라고 하셨습니다. – 리트

그래서 에베소에 있는 교회가 인식하는데 둔해지지 않도록 바울은 기도했습니다.

> 엡 1:16-18
> 내가 기도할 때에 기억하며 너희로 말미암아 감사하기를 그치지 아니하고 우리 주 예수 그리스도의 하나님, 영광의 아버지께서

지혜와 계시의 영을 너희에게 주사 하나님을 알게 하시고 너희
마음의 눈을 밝히사 그의 부르심의 소망이 무엇이며 성도 안에서
그 기업의 영광의 풍성함이 무엇이며

바울의 이런 기도는 주님에 관해 둔한 우리 마음을 극복하기 위해서 어떻게 기도해야 하는가를 잘 보여주고 있습니다. 성령님은 모든 것들을 가르쳐 주시기 위해 오셨습니다(요 14:26).

성령님은 우리의 영에게 직접 가르치십니다. 그러나 그 분은 또한 하나님의 말씀을 알고 있는 교사들을 통하여서도 우리를 가르치십니다. 하나님께서 교사들을 교회에 두셨습니다(엡 4:11-12). 하나님으로부터 당신이 얻을 수 있는 지식의 분량에 한계를 정하지 마십시오.

롬 15:14
내 형제들아 너희가 스스로 선함이 가득하고 모든 지식이 차서
능히 서로 권하는 자임을 나도 확신하노라

이것이 바로 하나님이 우리에게 원하시는 것입니다!

제 13 장
병든 자들을 위한 기도

로마서 8장 26절의 연약함이란 단어의 다른 뜻은 "몸이 약함, 연약함, 병듦" 등입니다. 이런 연약함에 대항하여 자주 기도해야 합니다. 내가 전도 대회나 세미나에서 믿음과 치유에 대해서 가르칠 때는 한 측면만 가르칠 수 밖에 없습니다. 이런 집회들은 전체 그림을 다 다루기에는 너무 짧습니다. 그래서 나는 한 가지 목적만을 추구합니다. 즉, 사람들로 하여금 지금 하나님을 믿고 하나님으로부터 받을 수 있도록 하는 것입니다. 하나님께 감사하게도 그들 중에 몇 퍼센트는 믿을 수 있게 되고 병고침을 받게 된다는 것입니다.

우리는 성경을 가지고 있고 성경은 하나님에 대한 지식을 우리에게 주기 때문에 치유는 모든 사람을 위한 것임을 알 수 있습니다. 모든 신자가 아프지 않고 몸이 늙어서 예수 안에서 자는 날까지 온전한 인생을 사는 것이 하나님의 완전한 뜻임을 잘 알고 있습니다. 그러나 우리가 이 하나님의 완전한 뜻을 보여주지 않으면 사람들은 그 사실을 모릅니다. 그렇지만 실제로 몇 가지 이유로 인해 하나님의 자녀들까지도 이것을 모르고 있음을 알 수 있습니다(여기서 모른다는 것은 그들이 구원을 받지 못했다거나 천국에 가지 못한다는 것을 의미하는 것은 아닙니다).

구약성경을 통해 하나님은 이스라엘과 언약을 맺으신 것을 우리는 알고 있습니다.

> 출 23:25-26
> 네 하나님 여호와를 섬기라 그리하면 여호와가 너희의 양식과 물에 복을 내리고 너희 중에서 병을 제하리니 네 나라에 낙태하는 자가 없고 임신하지 못하는 자가 없을 것이라 내가 너의 날 수를 채우리라

이것이 바로 하나님의 완전한 뜻이 아니겠습니까? 그러나 주의할 것은 조건이 있다는 것입니다. 그 조건이란 무엇입니까? 그것은 그들이 그의 계명을 지키고 그 법대로 사는 것입니다. 이스라엘이 그 언약을 지키는 동안은 그들 가운데 질병이 없었습니다. 어린 아이나 젊은이들이 죽은 적이 없었습니다. 그러나 질병이 그들을 침입하자 다 크기도 전에 죽기 시작했습니다.

왜 그렇게 됐습니까? 그들이 하나님과 맺은 언약을 지키지 않았기 때문입니다. 다윗 왕의 가족 중에도 그의 자녀는 병들고 선지자는 그 아기가 죽을 것을 예언했습니다(삼하 12:14).

선지자가 어떻게 그것을 알았겠습니까? 하나님의 영으로 말미암아서입니다. 어린 아기가 죽은 것은 하나님의 완전한

뜻은 아니었지만 죄로 말미암아 언약이 깨어졌기 때문입니다. 하나님의 영이 이 상황 아래서 무슨 일이 일어날 지를 말했습니다. 이스라엘에서 일어난 것과 똑같은 일들이 오늘날 개인에게도 일어나고 있습니다.

우리는 사람들에게 하나님의 계획과 언약이 무엇이며 그들에게 속한 것이 무엇인지를 말해 주어야 합니다. 치유는 우리의 것입니다. 치유는 속량(atonement)에 포함된 것입니다.

그러나 모두가 다 새 언약의 권한을 누리며 살고 있는 것은 아닙니다. 처음 믿는 어린아이 신자들 경우에는 당신이 그들을 위해 당신 자신의 믿음을 사용할 수도 있습니다. 얼마 동안은 당신의 믿음으로 그들을 지탱해 줄 수 있습니다. 때로는 그들이 당신을 따라오도록 할 수도 있습니다. 일치의 기도(마 18:19)를 통해 당신의 믿음을 그들의 믿음과 하나가 되게 할 수도 있습니다. 이런 기도는 실제로 역사합니다.

그렇지만 아직도 누구를 위하여 기도해야 하는지 모르는 사람들이 있습니다. 지금도 목회를 하고 있는 어떤 교단의 목사님은 의학은 포기했었지만 하나님의 능력으로 놀랍게 치유받은 그의 부인에 대해 내게 말했습니다. 부인의 치유받음이 계기가 되어 그들은 은사 운동(charismatic movemeent)에 참여하게 되었습니다.

그는 말하기를 "제 아내가 치유받고 나서 우리는 성령 세례에 대하여 눈이 열리기 시작했습니다"라고 했습니다. 그들은 성령 충만함을 받고서도 그의 아내가 다른 사람의 치유를 위해 기도하기 전까지는 성령님에 관해 잘 몰랐습니다.

이 목사님의 교회에 정기적으로 출석하는 세 아이의 어머니인 한 젊은 부인이 심장 수술을 받아야만 했습니다. 그녀는 수술 도중에 죽었습니다. 시간이 좀 지난 후 인공호흡을 시도했지만 의식을 회복하지 못했습니다. 의사는 그녀가 의식을 회복할 수 없으며, 그녀의 뇌는 산소 공급 없이 너무 오래 있었기 때문에 그녀의 의식이 바르지 못할 것이라며 차라리 잘된 일이라고 말했습니다.

이 목사님은 내게 이렇게 말했습니다. "우리는 그녀의 젊은 남편을 위로하고 함께 할 수 있는 모든 기도를 했지만 우리는 이 상황이 너무나 생소했습니다. 이 젊은이의 부인은 계속 살아 있는 상태를 유지했습니다. 사흘째 되는 날 밤 잠이 깨었는데, 제 아내가 없다는 것을 발견했습니다. 나는 거실에서 괴로워하는 소리를 들었습니다. 나는 아내가 일어나다가 넘어져서 다쳤다고 생각했습니다. 아내가 거실 바닥에 완전히 누워서 괴로워 하고 있는 것을 발견하고는 아내 옆에 가서 무릎을 꿇고 '여보, 어떻게 된거요' 라고 물었습니다. 아내는 '저도 모르겠어요. 이해가 되지는 않지만 그 사람을 그냥 죽게 내버려둘 수는 없어요. 저는 그럴 수 없어요' 라고 말했습니다. 사흘 밤을 아내는 바닥에 엎드려 신음하며 밤을 새워 큰 소리로 기도했습니다."

그 목사의 부인이 사흘 밤을 기도하고 나흘째 되는 날 갑자기 병원에 있던 젊은 부인은 의식을 회복했습니다. 의사들은 놀랐습니다. 그녀의 정신은 맑았습니다. 그녀는 완전히 정상이 되었습니다. 그녀는 남편과 자녀에게로 돌아갔습니다. 이 목사의 부인에게는 이것이 처음이지만 그녀는 그녀 스스로 만들어 낸 것이 아닌, 하나님의 영이 시킴으로 인해 이 젊은 여인을 위해 기도를 시작했던 것입니다.

우리의 기도 생활은 성령님께 달려 있습니다. 환자를 다룰 때, 가끔 나는 하나님의 영이 나를 통해 기도하시는 것을 알았습니다. 어떤 때는 내가 성령님을 관여시키려고 해보지만 그분은 그렇게 하시지 않습니다. 당신이 하나님의 영을 시켜 무엇을 하도록 할 수는 없는 일입니다. 성령님을 이용하는 대신 성령님께서 당신을 사용하시도록 허용하십시오.

삼십 년 전에 나는 한 사람의 치유를 기도하기 위해 그의 침대 곁으로 가까이 갔습니다. 그런데 나는 "치료"라는 단어 한 마디도 말할 수 없었습니다. 나는 단지 "오 하나님"하고는 "고쳐 달라(heal)"는 말 대신 "이 사람에게 복 주십시오(bless this man)"라고 말할 뿐이었습니다. 내 혀를 가지고 "치료"라는 말을 만들어 내려고 했지만 되지 않았습니다. 나는 혀를 통제할 수가 없었습니다. 나는 "주님, 왜 이 사람의 치료를 위해 기도할 수 없나요? 아직 죽을 나이가 아니지 않습니까? 주님은 최소한 70~80년을 우리에게 약속하셨습니다"라고 말했습니다(시편 91편에서 하나님은 실제로 "장수함으로 너희를 만족케 하겠다"고 하셨고 만일 우리가 70~80년으로 만족하지 못한다면 우리는 만족할 때까지 더 살 수 있습니다).

그러나 주님은 이렇게 말씀하셨습니다. "그렇다. 그러나 그는 36년 전에 거듭났고 36년간 나는 그가 죄를 멀리할 것을 기다려 왔단다(하나님의 오래 참으심을 생각해 보십시오). 그는 지난 36년 동안에 2주 이상을 바르게 산 적이 없었단다. 그래서 나는 그를 심판하여 그의 육신이 멸망하도록 사탄에게 넘겨주었고 그의 영은 주 예수의 날에 구원을 받도록 했단다"(이 말씀은 성경 고린도전서 5장과 11장 끝 부분에 있는 말입니다).

이어서 성령님은 내게 "너는 그의 치료를 위해 기도할 수는 없지만 이렇게는 할 수 있다. 그에게 손을 얹어 기도하여 성령 충만함을 받으므로 그의 남은 날들이 처음보다 낫도록 하겠다고 말하라"라고 말씀하셨다. 나는 주님의 말씀대로 그에게 말했습니다. 내가 손을 그의 이마에 얹자마자 그는 방언을 말했습니다. 그리고 그를 떠났는데 한달 후에 내가 돌아와 보니 그는 죽었습니다. 사람들은 그가 침대에 앉아 밤낮 사흘 동안 방언으로 노래하고 기도한 후 영광스럽게 귀향했다고 말했습니다.

그것이 그를 위한 하나님의 온전한 뜻이었습니다. 지옥에 가는 것보다는 나은 일이지요. 나는 내 차를 타고 고속도로를 달리며 울면서 노래했습니다. "은혜, 은혜, 하나님의 은혜, 우리의 모든 죄보다 크신 하나님의 은혜여."

때로는 어떤 사람을 위해 기도하려고 해도 마치 벽을 마주 보고 올라가려고 애쓰거나 막다른 골목길을 달리는 것처럼 느껴질 때가 있습니다. 성령님께서 나를 잡아 주시지 않기 때문에 나는 어느 곳으로도 갈 수 없는 상태에 빠집니다.

동일시(Indentification)

가끔 다른 사람의 질병에 대항하여 기도하다 보면 실제 육체가 그런 것은 아니지만, 영으로는 똑같은 것이 내 몸에 붙어 있는 것처럼 보이기도 합니다. 보십시오. 당신은 하나님 앞에서 다른 사람이 필요로 하는 것을 대신하고 있는 것입니다. 어떤 때 나는 환자가 느끼는 것과 같이 똑같은 고통을 느낍니다. 위장이 아픈 사람이면 나도 위장이 아프고, 숨을 잘 못 쉬는 사람이면 나도 숨쉬기가 힘들어 집니다. 내가 환자와 하나가 된 것입니다. 물론 이런 것은 성령님의 역사일 뿐이지 우리가 기도하면서 찾아 구할 것은 아닙니다. 이런 일들은 우리가 원해서가 아니라 오직 성령님께서 원하실 때만 일어나는 일입니다.

1949년 이후 단 한번만 제외하고는 내가 아픈 사람들을 위해 이같이 기도하고 똑같은 고통을 느꼈을 때 모두 고침을 받았습니다. 치유가 일어나지 않았던 그 한번의 경우에는 예수께서 나타나셔서 "내가 그를 고치러 왔지만 그는 내가 그를 고치도록 허락하지 않는구나"라고 말씀하셨습니다.

제 14 장
성령 안에서의 기도란 무엇인가?

성령 안에서 기도하는 것은 너무나 중요하기 때문에 좀 더 충분히 설명할 수 있도록 한 장을 따로 준비했습니다. 성령 안에서 하는 효과적인 기도에는 다음 두 가지 방식이 있습니다.

1. 당신이 아는 자신의 언어로 성령 안에서 하는 기도

성령 안에서 하는 기도이지만 자기 자신이 아는 언어로 기도하는 것에 대해서는 별로 언급된 적이 없습니다. 이 기도는 기도하는 사람이 자신이 이해하는 범위를 넘어서 한 발자국 더 기도의 세계로 들어가는 것입니다. 당신이 알고 있는 언어로 성령 안에서 기도하는 것은 당신 자신의 자연적 환경보다도, 영적인 것과 하나님을 더 의식할 때 일어납니다.

사람들은 이것을 가리켜 "성령 안에 자신을 잃어 버린다(lost in the spirit)"고 말하기도 했습니다. 이런 경우에 기도하는 사람은 두 세 시간을 기도해도 한 십분 정도 지난 것으로 생각할 정도로 기도에 사로 잡혀 있게 됩니다.

당신이 알고 있는 언어로 성령 안에서 기도하는 동안에 당신은 전혀 생각지 않았던 것을 기도 중에 말하는 일이 일어날 수 있습니다. 이 경우에 실제로 당신은 예언의 은사가 나타날 때의 영감과 똑같이 하나님의 영감 아래서 말하고 있는 것입니다.

2. 다른 방언으로 성령 안에서 하는 기도

성령 안에서 기도한다는 것이 무엇입니까?

> 엡 6:18
> 모든 기도와 간구를 하되 항상 성령 안에서 기도하고 이를 위하여 깨어 구하기를 항상 힘쓰며 여러 성도를 위하여 구하라

이 구절(엡 6:18)에서 "성령 안에서 기도한다"는 것은 무엇을 의미합니까? 나는 오래 전에 침례교회 목사로서 이 질문을 대한 적이 있었습니다. 이것이 무엇을 말하든지 간에 내가 하고 있는 기도는 성령 안에서 기도하는 것이 아님을 알고 있었습니다. 이 질문에 대한 답을 알기 위해 나는 내가 물어 볼 수 있는 사람들에게 다 물어 보았습니다. 그들은 성령 안에서 기도하는 것을 단지 에너지, 생기, 열정을 조금 더 가지고 기도하는 것이라고 생각했습니다. 이런 말을 듣고 나니 유다서의 말씀이 내게 의문을 갖게 했습니다.

> 유 1:20
> 사랑하는 자들아 너희는 너희의 지극히 거룩한 믿음 위에 자신을 세우며 성령으로 기도하며

나는 스스로 자문해 보았습니다. "성령 안에서 기도한다는 것이 무엇일까?" 나의 머리는 내가 "성령 안에서 기도하고 있다"고 말하고 있었지만 나의 심령(heart)은 "아니다"라고 말했습니다. 그래서 나는 이런 표현들이 무엇을 의미하는지 확실히 밝혀 보기로 했습니다.

바울은 에베소서를 쓰면서 "성령 안에서 기도한다"라고 언급하고 있습니다. "성령 안에서 기도한다"는 표현이 다른 곳에도 있는가? 있다면 바울이 이렇게 말할 때마다 같은 것을 언급하고 있는 것이라고 생각했습니다.

나는 바울 서신들 가운데 이 구절이 있는 곳을 찾아보기 시작했습니다. 결국 고린도전서 14장에 도달했습니다. 그 때까지 이 장을 많이 연구해 본 적은 없었습니다.

나는 1/4분기마다 한번씩 첫 주일에 주님의 만찬을 하기 위하여 고린도전서 11장을 읽었습니다. 그리고 12장은 건너뛰고 13장에 있는 사랑에 관하여 설교했습니다. 14장은 건너뛰고 15장의 부활에 관하여 설교하곤 했습니다. 나는 12장, 14장을 거의 겁낼 지경이었습니다. 그렇지만 성령 안에서 기도하는 것을 알기 원한다면 바울이 이에 관하여 무엇인가를 말하고 있으므로 이 두 장을 찾아볼 수 밖에 없었습니다.

고전 14:2
방언을 말하는 자는 사람에게 하지 아니하고 하나님께 하나니 이는 알아 듣는 자가 없고 영으로 비밀을 말함이라 성령 안에서("in the Spirit")! 성령 안에서! 그는 성령 안에서 비밀을 말했다! 이런 말들이 있었습니다. 이 장의 뒷부분에 이런 말씀이 있는 것을 보십시오.

> 고전 14:14-15
> 내가 만일 방언으로 기도하면 나의 영이 기도하거니와 나의 마음은 열매를 맺지 못하리라 그러면 어떻게 할까 내가 영으로 기도하고 또 마음으로 기도하며 내가 영으로 찬송하고 또 마음으로 찬송하리라

바울은 "내가 내 영으로(내 영 안에서) 기도하고 이해하면서 (내 마음으로) 기도할 것이다"라고 말했습니다. 방언으로 기도하는 것이 우리를 위한 것이라면 우리가 성령 안에서 기도하는데 제한을 받게 됩니다. 그러나 우리는 영적 존재이므로 우리 머리로만이 아니라 우리의 영으로도 기도할 필요가 있습니다. 이해하면서 마음으로 기도하는 것은 마음으로부터 나오는 기도입니다.

많은 경우에 이 기도는 좋은 것이며 효과적입니다만 전반적으로 마음으로만 기도하는 것으로 너무나 오랫동안 지내 온 것 같습니다. 뿐만 아니라 우리는 마음으로 하는 기도만으로는 승리할 수가 없습니다. 그 이유는 로마서 8장 26절에 나타나 있습니다.

> 롬 8:26
> 이와 같이 성령도 우리의 연약함을 도우시나니 우리는 마땅히 기

도할 바를 알지 못하나 오직 성령이 말할 수 없는 탄식으로 우리를 위하여 친히 간구하시느니라

우리가 무엇을 기도해야 할지 모를 때가 있습니다. 이런 경우에 마음의 기도만으로는 일을 완수하기에 불가능해 보입니다.

영으로 하는 기도가 필요합니다. 영의 기도는 성령님이 주시는 말씀으로 당신의 영으로부터 나오는 기도입니다. 영으로 하는 기도(spiritual praying)는 당신이 아는 말로 할 수도 있고 당신이 모르는 말로 할 수도 있고 때로는 신음 소리로 할 수도 있습니다.

왜 기도하는지 그 이유에 대해 이해할 수 없는 경우도 있습니다. 그러나 성령님은 알고 계십니다. 성령님께서 우리의 기도 생활을 도울 수 있도록, 우리를 통해 기도하시도록 허락해 드릴 때 놀라운 응답을 받게 될 것입니다. 성령 충만함을 받은 모든 신자는 성령님께서 성령 안에서 기도하는 것을 도와주실 것을 기대할 수 있습니다.

이제 이 장을 마무리하면서 우리가 성령 안에서 기도할 수 있는 두 가지 방법 중 하나에 대해서만 집중적으로 다루도록 하겠는데 그것은 바로 방언으로 기도하는 것입니다. 방언으로 성령 안에서 기도하는 것의 용도와 구체적인 유익에 대하여 나누고 싶습니다.

하나님을 높이기 위하여 방언으로 기도하기

행 10:46
이는 방언을 말하며 하나님 높임을 들음이러라

방언으로 기도하는 것은 우리가 하나님을 높이는 한 방법입니다. 수년 동안 나는 기도하면서 놀라운 시간을 가졌었습니다. 나는 마굿간의 건초더미 위에 올라가 기도하면서 놀라운 시간을 가지곤 했습니다.

그러나 나는 가끔씩 축복은 받았지만 실망스런 마음으로 돌아가기도 했습니다. 하나님께 내가 얼마나 하나님을 사랑하는지 말하기 위하여, 또 하나님이 얼마나 놀라운 분이신지 말씀드리기 위해 내가 알고 있는 모든 형용사를 총동원했지만 말이 모자라서 내가 말하고 싶은 것을 다 말하지 못한 기분을 제 영 안에 가진 채 기도하던 곳을 떠나야 했습니다. 나의 영이 속은 것 같은 기분을 느꼈습니다.

내가 성령 충만함을 받은 것을 감사하는 것 중의 하나는 방언 기도를 하는 것입니다.

내가 1937년 어느날, 처음 성령 충만을 받은 이래 지금까지 하루도 빠짐없이 나는 방언으로 기도하고 찬양하며 하나님을 경배하고 하나님과 교제해 왔습니다. 뿐만 아니라 내 안에 계시는 성령님이 내가 말하고 싶은 것을 내 영이 말할 수 있도록 해주므로 내가 말하고 싶은 것을 말하지 못한 것 같은 아쉬움을 지닌 채 기도 장소를 떠난 적이 결코 없습니다. 아직도 이렇게 하고 있지 않는 분이 있다면 나는 당신이 하나님과 초자연적으로 교통하도록 초청합니다.

하나님은 당신과 더 좋은 방법으로 교통하기를 원하고 계십니다. 성령 안에서 주님과 교제하는 기쁨을 알게 되기 바랍니다.

자신을 세워 주는 방언 기도

> 유 1:20
> 사랑하는 자들아 너희는 너희의 지극히 거룩한 믿음 위에 자신을 세우며 성령으로 기도하며

> 고전 14:4
> 방언을 말하는 자는 자기의 덕을 세우고 예언하는 자는 교회의 덕을 세우나니

우리의 기도 생활에서 방언 기도의 한 단계는 다른 사람을 위해 기도하거나 누군가를 위해 중보하는 것이 아닙니다. 방언 기도는 바로 순전히 자신의 영적 세움(edification)의 수단이 되는 것입니다. 방언 기도는 영적으로 우리를 도와줍니다. 우리에게 덕을 세워 줍니다. 우리는 모두 이런 기도를 필요로 합니다. 우리 자신이 먼저 세움을 받지 않고서는 다른 사람을 세워 줄 수 없고 도와줄 수도 없는 것입니다. 성령 안에서 방

언으로 많이 기도하므로 당신 자신을 세울 수 있도록(충전시킬 수 있도록) 시간을 드리십시오.

영적인 것들도 자연적인 것들과 비슷합니다. 예수님께서도 영적인 것들을 설명하기 위해서 자연적인 것들을 사용하셨습니다. 세상에서도 그 분야에서 일하지 않고서는 해당 분야의 전문가가 될 수 없고 또 관계되는 일을 잘 할 수도 없습니다.

예를 들면 공을 쳐내는 연습을 하지 않고 좋은 타자가 될 수 없습니다. 이와 같이 영적인 것도 다 익은 과일이 나무에서 떨어지듯 저절로 우리에게 떨어지는 것이 아닙니다. 시간을 들이지 않고서는 영적인 것에 대해 전문가가 될 수 없습니다. 방언 기도는 영적인 것에 대해 민감해지도록 도와줄 것입니다.

쉼을 주는 방언 기도

> 사 28:11-12
> 그러므로 더듬는 입술과 다른 방언으로 그가 이 백성에게 말씀하시리라 전에 그들에게 이르시기를 이것이 너희 안식이요 이것이 너희 상쾌함이니 너희는 곤비한 자에게 안식을 주라 하셨으나 그들이 듣지 아니하였으므로

방언 기도는 쉬는 것입니다. 성령의 은사에 관하여 오순절 교단의 가장 유명한 교사였던 하워드 카터는 "방언 기도는 우

리가 하나님을 경배하도록 도와주는 지속적인 경험"이라고 말했습니다.

방언 기도는 결코 말라서는 안 되는 흐르는 시냇물입니다. 방언 기도는 당신의 삶을 영적으로 풍성하게 해줄 것입니다. 방언 기도는 당신으로 하여금 다른 사람들을 도와줄 수 있도록 능력을 주며 기도를 통해 이 땅 위에서 하나님이 하시는 일의 최고점에서 하나님 그 분 자신과 함께 일하도록 해 줄 것입니다.

제 15 장
조용한 기도(침묵 기도)

어느 해 나의 두 자녀, 켄과 팻은 통신으로 공부하면서 온 가족이 함께 차를 타고 다녔던 적이 있습니다. 우리는 작은 트럭으로 끌 수 있는 길이 43피트 넓이 8피트의 이동식 주택을 가지고 있었습니다.

캘리포니아에서 연속되는 집회를 하고 있던 어느 날 밤 갑자기 나는 밤중에 깨어났습니다. 누가 우리 집에 왔나 싶어서 문을 점검해 보았습니다. 문은 잠겨 있었습니다.

켄과 팻도 잘 자고 있었습니다. 침실로 돌아와 아내도 잘 자고 있는 것을 보았습니다. 그래서 나는 침대에 누워 방언으로 기도를 시작했습니다. 큰 소리로 하지는 않았지만 입으로 말은 했습니다. 성령은 교회 예배 때 다른 사람에게 방해가 되지 않도록 할 것을 말하고 있습니다.

> 고전 14:27-28
> 만일 누가 방언으로 말하거든 두 사람이나 많아야 세 사람이 차례를 따라 하고 한 사람이 통역할 것이요 만일 통역하는 자가 없으면 교회에서는 잠잠하고 자기와 하나님께 말할 것이요

다른 말로 하면 큰 소리로 말하지 말고 하나님과 자신에게 말하라고 하고 있습니다. 당신은 앉아서 아무도 방해하지 않으면서도 하나님과 당신 자신에게 말할 수 있습니다. 조용히 속삭이듯 하거나 속으로 기도할 수 있습니다.

그 날 밤 나는 귀에 들릴 만한 소리로 속삭이는 정도로 기도했습니다.

나는 나의 내부를 들여다보기 시작했습니다. 그리고 나는 내 영으로부터 – 성령님은 내 안에 계시며 그 성령님으로 인해 내 영은 많은 것들을 알고 있습니다 – 내 가족 중에 누군가가 잘못되었다는 것을 알아 차렸습니다.

나는 "주님, 누구입니까? 뭐가 잘못되었습니까?"라고 말했습니다. 그 때 내적 직감으로, 즉 음성은 아니지만 모든 그리스도인이면 누구나 가지고 있어야 하는 내적 직감으로 내 가족 중 한 사람이 위험하다는 것을 알았습니다.

당신도 알겠지만 성경은 하나님의 영으로 인도함을 받는 사람들을 하나님의 아들이라고 말하고 있습니다. 하나님의 영은 우리의 영에게 증거합니다. 그러므로 초자연적으로 성령님께서 우리 영에 주시는 증거를 통해 인도를 받아야 합니다.

나는 "주님, 누군지는 모르겠습니다. 무엇을 기도해야 할지 모르겠습니다. 그렇지만 나는 성령님께서 저를 도와주셔서 중보할 수 있도록 하실 것을 믿을 것입니다"라고 말했습니다. 누워서 거의 한 시간 동안 방언으로 기도했습니다. 그리고 나서 나는 승리한 것 같이 느꼈습니다. 나는 기도한 것이 무엇이든지 해결되었다는 것을 알았습니다. 아주 조용하게 나는 방언으로 찬양을 드리고 잠이 들었습니다. 자주 있는 일은 아닌데 다음날 아침 일어나기 직전에 나는 꿈을 꾸었습니다.

(하나님은 가끔 꿈을 통해서 당신에게 말씀하십니다. 그러나 혼돈하지 않도록 한 마디 말씀드릴 것은, 하나님께서 내게 말씀하시는 꿈을 꾸었을 때 나는 꿈에서 깨어나는 그 순간 하나님께서 내게 말씀하고 계신 것이 무엇인지 정확히 알았습니다. 만일 하나님께서 당신에게 꿈을 통해 말씀하신다는 것을 믿고 그 꿈을 해석해 줄 사람을 찾기 위해 온 나라를 돌아 다녀야 한다면 그런 꿈은 잊어버리십시오. 그 꿈은 하나님이 주신 꿈이 아닙니다. 하나님은 지적 능력이 있는 존재이십니다. 당신도 마찬가지입니다. 만일 하나님께서 당신께 말씀하고자 하시는 것을 당신께 알려 주실 수 없다면 잊어버리십시오. 어떤 사람들은 모든 사소한 꿈도 하나님께서 무엇인가를 말씀하시려는 것이라고 생각하여, 그것이 무슨 뜻인지 알아내려고 하면서 항상 혼돈된 상태에 있게 됩니다.)

꿈에 나는 루이지아나주 쉬리브포트에 내가 있는 것을 알았습니다. 나는 호텔 밖에 서서 호텔 이름이 적힌 간판을 보고 있었습니다.

다음 순간 나는 호텔 안에 있었습니다. 내 남동생 팻도 거기 있었습니다(그는 구원받고 성령 충만도 받았지만 타락하여 하나님을 위해 살고 있지는 않았습니다). 나는 그가 한밤중에 시작해서 새벽까지 아파하는 것을 보았습니다. 그는 호텔 데스

크를 불러 자기가 아프다고 말하고는 정신을 잃었습니다. 나는 앰블란스가 빨간 불을 켜고 그를 데리고 병원으로 가는 것을 보았습니다.

장면이 바뀌어 나는 어떤 병원 복도의 벽에 기대어 서 있었습니다. 홀 건너편에 문이 있었고 그 문은 닫혀 있었지만 나는 동생이 그 안에 있고 의사도 함께 있는 것을 알았습니다. 한 의사가 나오더니 문을 닫았습니다. 그는 나를 쳐다보지도 않고 내 앞으로 걸어와서는 "그는 죽었습니다"라고 말했습니다.

꿈에서 나는 "아닙니다. 그는 죽지 않았습니다"라고 말했습니다.

그 때서야 의사는 나를 쳐다보더니 "글쎄요. 내가 당신보다는 잘 압니다. 나는 수많은 사람들의 죽음을 확인하고 선언했습니다. 그는 죽었습니다"라고 말했습니다.

그는 "당신은 어떻게 압니까?"라고 말했습니다.

나는 "주 예수님께서 내게 말씀하셨습니다"라고 말했습니다.

"아, 당신도 바로 골치 아픈 광신자들 중에 하나군요. 그러면 내가 보여 드리죠"라고 그는 말했습니다.

그가 문을 열고 들어가자 나는 그를 따라 안으로 들어갔습니다. 시트를 덮어 씌운 채로 테이블 위에 사람 몸이 놓여 있었습니다. 그 의사는 시트를 획 제끼고는 "여기 보십시오!"라고 말했습니다.

그 때 나의 동생은 눈을 깜박였습니다! 의사는 더 자세히 들여다보았습니다. 내 동생은 숨을 쉬고 있었습니다.

의사는 나를 쳐다보면서 "당신은 내가 모르는 무언가를 알고 있었던 것이 분명합니다"라고 말했습니다.

"물론 알고 있었지요."라고 대답했습니다. 나는 이 일을 위해 중보 기도했다는 것을 알고 깨어났습니다. 이 일은 5월에 일어났습니다.

우리는 캘리포니아에서 설교를 시작해서 집을 떠난 지 15개월만인 8월 말에 텍사스 집으로 돌아왔습니다. 집에 도착한 지 15분도 채 안 되었을 때, 내 동생 팻이 차를 집 앞에 세웠습니다.

"형님이 떠나 있는 동안 나는 죽을 뻔했습니다."

"나도 안다. 지난 오월이었지 않니?"

"그래요."

"네가 쉬리브포트의 한 호텔에 있었고 밤에 아팠지? 그래서 너는 교환을 부르고는 정신을 잃었었지. 사람들은 너를 병원으로 급히 데리고 갔고 너는 의식이 없었지. 그 일 후에 의사가 네게 잠시 동안 네가 죽었다고 생각했었다고 말했지. 안 그렇니?"

"그렇습니다. 누가 형님께 말했습니까? 어머니가 말했나요?"

"아니다. 나는 어머니를 뵙지도 않았고 아무도 만난 사람이 없다. 우리는 20분 전쯤 여기 막 도착했단다."

"그런데 어떻게 알았습니까?"

내가 겪은 일을 그에게 말했습니다. 그는

"일어난 그대로입니다"라고 말했습니다.

방언 기도에 대해 하나님께 감사합니다!

이런 기도가 우리의 것입니다. 이런 기도는 중요합니다. 방언 기도는 우리 자신의 영적, 육체적 삶에 중요합니다. 다른 사람을 위해 중보 기도하거나 이 땅에서 하나님의 일을 위해 기도할 때 참으로 중요합니다. 설교자들의 전유물이 아닙니다.

제 16 장
조용하지 않은 기도

어떤 때는 큰 소리로 말하도록 강요받는 듯이 기도할 때가 있습니다. 이런 부담감이 속에서 쌓이면 이것은 마치 말하지 않으면 터져 버릴 것 같은 기분이 듭니다.

나와 내 아내는 1938년 11월에 결혼했습니다. 나는 작은 순복음 교회에서 목회하고 있었습니다. 그 교회는 목사관이 없었습니다. 나는 방 한 칸을 세 내고 식사는 한 성도님 댁에서 했습니다.

그 지역에서 농사를 지으셨던 나의 장인은 "자네가 결혼하거든 우리 집에 들어와 살게. 우리 집엔 방이 넉넉하니까 자네가 방세와 식대를 지출할 필요가 없네. 그러면 자네 인생의 시작에 도움이 좀 되지 않겠나"하고 말씀하셨습니다.

결혼 후, 4일 만에 우리는 살림살이를 처가의 큰 농장으로 옮겼습니다.

그 날 저녁 9시 30분에 장인 어른이 "자, 다같이 가족 기도를 하자"고 말했습니다. 그들은 감리교도들이었습니다. 내가 목회하러 왔을 때부터 순복음 교회에 다니고는 있었지만 오순절 신도는 아니었습니다. 우리는 모두 기도했습니다. 그들은 별로 큰 소리로 기도하지 않았고 나는 조용히 기도하려고 애썼습니다. 나는 방언으로 기도하고 싶은 강한 충동을 계속 느꼈으나 그들이 좋아할지, 싫어할지를 잘 몰랐습니다. 그러나 이 충동은 계속 내 속에서 쌓여 올라와서 마침내 나는 담대히 목소리를 높여 내가 할 수 있는 한 가장 빨리 방언 기도를 하고 말았습니다. 그들의 반응을 보지 않으려고 나는 눈을 꼭 감고 있었습니다. 기도를 계속했습니다. 방언으로 기도하는 가운데 신음하며 기도했습니다.

나는 처음부터 시작하지 않을 수도 있었습니다만 일단 성령님께 자신을 드리고 나면 초자연적인 흐름 속으로 들어가게 되고 그렇게 되면 그만두기가 힘들어져 버립니다. 이렇게 한 45분쯤 기도하니까 주님께서 내게 말씀하셨습니다. 나는 이 음성이 주님의 것인 줄 몰랐습니다.

보십시오. 나는 그 때 성령 충만 받은 지 2년도 채 못되었습니다. 그 시절 오순절 계통에서 가르치는 것은 구원받고 성령 충만 받은 것이 전부였습니다. 그러나 지금에야 나는 내게 이 말씀을 하신 분이 주님이었음을 알게 되었습니다.

"네 아내에게 손을 얹어라. 내가 네 아내를 성령으로 충만하게 하리라."

나는 그 때 이런 생각을 했습니다. "그런데 내가 아내에게 손을 얹었는데 아무 일도 안 일어난다면 어떻게 하나?" 그래서 나는 이 생각이 사라질 것을 기대하면서 계속 기도했습니다.

세 번째였습니다. "네 아내에게 손을 얹어라. 내가 네 아내를 성령으로 충만하게 하리라."

내가 눈을 떠보니 내 오른 편에는 장인 어른이 무릎 꿇고 있고 왼편에는 아내가 무릎을 꿇고 있고 아내의 다른 편에는 장모님이 있었습니다.

나는 내가 말한 것이 불신앙이었음을 알고 있습니다만 하나님께서는 당신이 아무 것도 알지 못할 때는 당신 속에 있는 작은 불신앙도 참아 주실 것입니다. 그 후에도 늘 그런 불신앙으로 지낼 수는 없습니다.

이것은 제게 낯선 것이었습니다. 나는 "한번 해봐도 해로울 것은 없다"고 생각했습니다. 그리고 나는 나의 손을 뻗어 그녀의 머리 위에 얹었습니다. 그녀는 이것에 대해 배운 적이 없었습니다. 일평생 그녀는 성령 세례를 단 하루도 구해 본 적도 없었습니다. 나는 아내에게 아무 말도 하지 않았습니다.

내가 아내의 머리 위에 손을 얹자마자 그 순간 아내는 두 손을 높이 들더니 유창하게 방언으로 말하기 시작했습니다. 나는 시간을 보려고 시계를 보았습니다. 그녀는 한 시간 동안 방언을 말하고 방언으로 세 곡의 찬양을 드렸습니다. 우리는 그 감리교도 가정에서 오순절을 경험했습니다.

한밤중에 하나님의 영이 똑같은 목소리로 제게 말씀하시면서 장모님에게 어떻게 해야 할지를 말씀하셨고 그대로 했더니 장모님은 아픈 곳을 치료받았습니다. 그녀는 종양이 두 개 있었습니다. 그녀는 이것을 제거하는 수술을 받기 위해 다음날 아침 병원에 입원하려고 가방을 다 챙겨 두었습니다.

그녀는 신유에 대한 믿음이 전혀 없었습니다. 그것이 분명한 것은 만일 신유를 기대했다면 병원에 가려고 가방을 싸 두지는 않았을 것입니다. 그러나 주님의 영은 내게 그녀가 치유 받기 위해서 행할 것을 말씀하셨고 내가 그렇게 했더니 주님께서도 역사하셔서 치유하셨습니다. 그녀는 고침 받고 수술을 받지 않아도 되었습니다.

그 후에야 나는 그 날 밤 어떤 일이 일어났는지를 알게 되었습니다. 내가 성령 안에서 행한 것은 내 아내와 장모님을 위해 기도한 것이었습니다. 하나님의 영께서 내가 그들을 위해 기도하도록 인도하셨던 것입니다. 나는 힘을 다해 빠른 속도로 45~50분간 신음하며 방언으로 기도했었습니다. 나는 방언으로 찬양하고 성령 안에서 크게 웃으면서 기도를 마쳤습니다.

그 때쯤 주님께서 성령으로 이렇게 말씀하셨습니다. "네 아내에게 손을 얹어라. 내가 네 아내를 성령으로 충만하게 하리라."

그 다음에 주님은 장모님께는 어떻게 할 것인지를 내게 말씀해 주시고 그렇게 하자 몸 밖에 보이던 종양은 바늘로 풍선을 찌른 것 같이 가라앉아 버렸습니다.

제 17 장

성령 안에서 신음하는 기도

성령께서 기도 가운데 우리를 도와주시는 또 한 가지 방법은 방언으로 기도하면서 동시에 신음하는 것입니다. 사람들은 흔히 로마서 8장 26-27절을 중보 기도에 있어서 성령님이 하시는 일로 언급합니다.

그러나 이 성경 두 구절을 인용하는 것만으로는 그 뜻을 온전히 알 수 없습니다. 이 구절은 그 앞의 말씀과 연결되어 있습니다. 내가 여기 전체 단락을 인용하면서 강조할 것은 큰 글자로 적어 보겠습니다.

롬 8:22-27
피조물이 다 이제까지 함께 탄식하며 함께 고통을 겪고 있는 것을 우리가 아느니라 그뿐 아니라 또한 우리 곧 성령의 처음 익은 열매를 받은 우리까지도 속으로 탄식하여 양자 될 것 곧 우리 몸의 속량을 기다리느니라 우리가 소망으로 구원을 얻었으매 보이는 소망이 소망이 아니니 보는 것을 누가 바라리요 만일 우리가 보지 못하는 것을 바라면 참음으로 기다릴지니라 이와 같이 성령도 우리의 연약함을 도우시나니 우리는 마땅히 기도할 바를 알지 못하나 오직 성령이 말할 수 없는 탄식으로 우리를 위하여 친히 간구하시느니라 마음을 살피시는 이가 성령의 생각을 아시나니 이는 성령이 하나님의 뜻대로 성도를 위하여 간구하심이니라

모든 피조물은 고통 가운데 신음하며 수고하고 있습니다. 고통의 궁극적인 인식은 하나님의 완전한 사랑 때문에 하나님 안에 있습니다. 우리는 하나님과 교제하므로 고통받는 피조물 세계와 교통합니다. 우리는 예수 그리스도로 말미암아 하나님과 연합되었기 때문에 우리가 하나님의 왕국 밖에 있었을 때보다 피조물의 신음에 대한 인식이 훨씬 더 날카롭습니다(요 15:5). 성령님은 우리에게 하나님께서 고통을 의식하시는 것을 알려 주어서 말로 표현할 수 없는 신음으로 중보하게 하십니다. ― 리트

고 P. C. 넬슨은 유명한 언어학자였습니다. 약 30년 전 한 잡지는 그를 일컬어 당시 최고의 희랍어 권위자이며 히브리어의 두 번째 가는 학자로 꼽았습니다. 그는 32개 국어를 읽고 쓸 수 있었습니다.

넬슨은 로마서 8장 26절은 실제로 "말로 발음할 수 없는 신음(with groaning that cannot be uttered in articulate speech)"을 의미한다고 말했습니다. 이런 신음은 발성은 되지만 발음할 수 있는 언어는 아닙니다.

성경과 경험을 통해 내가 알고 있는 이 신음은 당신 속에서부터, 당신의 영으로부터 나오지만 효과적으로 표현하자면 당신의 입술을 벗어나야만 하는 것입니다. 이것은 성령님께서 당신이 기도하도록 돕는 것입니다.

당신 자신의 말로는 표현할 수 없습니다. 새 영어 성경(The New English Bible)은 이 구절을 "우리가 발음할 수 없는 신음을 통해 성령님 스스로 우리를 위해 간구하신다"(… through our inarticulate groans the Spirit himself is pleaching for us)라고 번역하고 있습니다.

필립스역은 "단어로 표현되지 못한 괴로워하는 간절함 (agonizing longings which never find words)"이라고 했습니다.

> 우리의 기도가 실제 필요와 일치해야 하지만 경우에 따라 무엇을 어떻게 간구해야 할지 모를 수도 있습니다. 성령님은 우리가 말로 표현할 수 없는 신음으로 우리를 움직여서 우리의 욕망이 바른 목표로 인도되도록 도와줍니다. 또한 우리의 요구나 목표가 구체적인 것이 될 수 있도록 돕기도 합니다. 이런 신음은 하나님의 의지로 인한 것이고 하나님의 우리에 대한 사랑의 표시이기도 합니다. 우리가 이 신음 소리(그리스어로는 한숨)를 이해할 수 없어도 하나님은 아시고 언제나 응답하십니다. 역경 속에서도 성령님은 신음으로 중보하고 계십니다.   – 리트

나 자신의 삶 가운데 때로는 이런 기도가 별로 없이 지낼 때도 있습니다. 특별한 필요가 없기 때문입니다. 그러나 역경이나 어려운 조건을 만나면 이런 신음들이 내 속으로부터 샘물처럼 솟아나기 시작합니다. 즉, 성령님께서 우리가 기도하도록 도와주시는 것입니다. 당신이 기도 가운데 성령님께

자신을 다 드리면 성령님께서 이 방법으로 당신을 사용하실 것입니다.

로마서 8장 26절의 "이와 같이"라는 단어를 주목하십시오. 그것은 "같은 방법으로(in the same manner)"라는 뜻입니다. 바로 앞에서 말한 방법과 같다는 말입니다. 온 피조물이 고통 중에 탄식하며 신음하는 것과 똑같이 우리도 우리 안에서 스스로 신음한다는 것입니다.

> 롬 8:26
> 이와 같이 성령도 우리의 연약함을 도우시나니 우리는 마땅히 기도할 바를 알지 못하나 오직 성령이 말할 수 없는 탄식으로 우리를 위하여 친히 간구하시느니라

모든 것이 하나님의 뜻과 완전한 조화를 이룰 때까지 간구하실 것입니다.

성령님께서 신음(탄식)으로 중보해야 할 필요는 늘 있습니다. 우리도 하나님의 뜻을 알 수 있지만 오직 성령님만이 그 필요를 어떻게 효과적으로 하나님께 나타내실 줄을 아십니다. 우리가 어떻게 기도해야 할지 확신할 수 없는 상황이 많이 있습니다. 우리는 중보하시는 성령님의 신음이 필요합니다.   – 리트

제 18 장
기도하는 교회

만일 한 지체가 고통을 받으면 모든 지체가 함께 고통을 받고 한 지체가 영광을 얻으면 모든 지체가 함께 즐거워하느니라 (고전 12:26)

효과적인 기도는 구원을 수반할 것입니다. 우리는 서로 지체가 되었습니다. 그리스도의 몸과 지체로서 우리는 서로의 치유에 참여해야 합니다. 우리는 우는 사람들과 함께 울고 또한 즐거워 하는 사람들과 함께 즐거워 합니다(롬 12:15).

롬 15:1
믿음이 강한 우리는 마땅히 믿음이 약한 자의 약점을 담당하고 자기를 기쁘게 하지 아니할 것이라

어떻게 약한 자의 약점을 담당합니까? 이 질문에 답하려면 "져주다(bear)"와 "연약함(infirmities)"의 뜻을 알아봐야 합니다. "Infirmities"는 이 문맥에서는 "양심의 가책(a scruple of conscience)"을 의미합니다. 그러므로 육체적인 것을 말하는 것이 아니고 그들의 믿음에 무엇인가 잘못된 것을 말합니다.   - 리트

문맥을 보면 때로 어떤 사람들은 시장에서 파는 고기가 그 피를 우상에게 제물로 드려졌던 동물의 고기이므로 그런 것을 먹는 것은 잘못이라고 느꼈습니다.

　바울은 하나님은 한 분만 계시므로 이 고기는 우리 아버지 하나님께 드려졌던 것이 아니라고 말했습니다. 그러나 우상에게 드렸던 고기를 먹는 것이 그의 형제를 실족케 한다면 결코 고기를 먹지 않겠다고 했습니다. 그리고 로마서 15장 1절을 말하고 있습니다. 양심의 가책과 관련된 것입니다. 그들은 믿는 형제지만 약한 사람들입니다. 이런 사람들을 위한 우리의 기도는 그들이 진리를 깨닫도록 해줍니다.

에베소서 기도

　에베소서 1장 17-23절과 3장 14-21절은 어느 곳에 있는 어떤 교회에도 적용되는 성령님께서 주신 기도입니다. 내 삶의 전환점은 이 기도를 나 자신을 위해 천 번쯤 기도했을 때 찾아왔습니다.

　나는 성경을 펴놓고 무릎을 꿇고 이렇게 말합니다. "아버지, 제가 이 기도를 저를 위해 하겠습니다. 이 기도가 에베소의 교회를 향한 아버지의 뜻인 것과 똑같이 저를 향한 아버지의 뜻임을 확신합니다…" 그리고 나서 바울이 "여러분(you)"이라고 한 부분만 "나(me)"로 바꾸어서 기도를 계속했습니다.

우리 주 예수 그리스도의 하나님, 영광의 아버지께서 지혜와 계시의 영을 너희에게 주사 하나님을 알게 하시고 너희 마음의 눈을 밝히사 그의 부르심의 소망이 무엇이며 성도 안에서 그 기업의 영광의 풍성함이 무엇이며 그의 힘의 위력으로 역사하심을 따라 믿는 우리에게 베푸신 능력의 지극히 크심이 어떠한 것을 너희로 알게 하시기를 구하노라 그의 능력이 그리스도 안에서 역사하사 죽은 자들 가운데서 다시 살리시고 하늘에서 자기의 오른편에 앉히사 …

6개월쯤 후에 내가 기도하던 것이 일어나기 시작했습니다. 하나님의 말씀의 계시가 오기 시작했습니다. 이것은 내가 이 기도를 내 자신을 위해 기도할 때 일어났던 일입니다. 이 책의 주제는 기도 즉, 자신과 남을 위한 기도입니다. 그러므로 나 역시 중요한 성경 진리를 깨닫지 못하는 그리스도인들을 위해 똑같은 기도를 해 왔습니다. 나는 그들을 위해 아침과 저녁에 이 기도를 합니다. 나는 그들의 이름을 부르며 이렇게 기도합니다:

주님, 제가 존을 위해 이 기도를 합니다. 우리 주 예수 그리스도의 하나님 영광의 아버지께서 지혜와 계시의 영을 존에게 주사 하나님을 알게 하시기를 기도합니다. 존의 마음 눈을 밝히사 존이 그의 부르심의 소망이 무엇이며 성도 안에서 그 기업의 영광의 풍성함이 무엇인지 알게 되기를 기도합니다 …

나는 한 친척을 위해 열흘간 아침 저녁으로 기도했습니다. 아무도 그에게 가르쳐 주지 않았지만(그는 성령 세례 받은 그리스도인이었습니다), 그는 내게 이렇게 편지를 보내 왔습니다. "계시가 어떻게 열리는지 참으로 놀랍습니다. 이제 당신이 줄곧 말해왔던 것이 무엇을 의미하는지 깨닫기 시작했습니다."

보십시오. 하나님께서 그리스도 예수 안에서 하늘에 속한 모든 신령한 복을 우리에게 주셨습니다(엡 1:3). 어떤 그리스도인들은 단지 이것을 모르기 때문에 이 유익을 취할 수 없을 뿐입니다. 그들은 무지로 인해 고통받고 있는 것입니다. 우리는 그들을 위해 이 에베소서의 기도로 기도할 수 있습니다. 같은 기도로 아침 저녁 가능하면 더 자주 기도해야 합니다.

서로의 짐을 지는 것

갈 6:2
너희가 짐을 서로 지라 그리하여 그리스도의 법을 성취하라

기도는 다른 사람의 짐을 진다는 의미를 포함하고 있습니다. '짐을 진다(bear)'는 표현에는 제거한다는 뜻이 있습니다. 기도는 사람이 지고 있는 짐을 제거하는 한 가지 방법입니다.

히 12:1-2
이러므로 우리에게 구름 같이 둘러싼 허다한 증인들이 있으니 모든 무거운 것과 얽매이기 쉬운 죄를 벗어 버리고 인내로써 우리 앞에 당한 경주를 하며 믿음의 주요 또 온전하게 하시는 이인 예수를 바라보자 그는 그 앞에 있는 기쁨을 위하여 십자가를 참으사 부끄러움을 개의치 아니하시더니 하나님 보좌 우편에 앉으셨느니라

이 말씀은 그리스도인들의 경주를 방해하는 두 가지 요소 즉, 무거운 부담과 죄에 관하여 말하고 있습니다(어떤 사람에게 무거운 짐이 다른 사람에게는 무거운 것이 아닐 수도 있습니다). 우리는 기도함으로써 이 무거운 짐을 제거해 주고 그들이 경주를 더 잘할 수 있도록 도와 줄 수 있습니다. 그들을 비판하는 대신 그들을 위해 기도해야 합니다. 우리가 서로를 위해 기도로써 도울 때 몸 전체가 성숙에 이르게 됩니다.

제 19 장

너희 안에서 그리스도의 형상을 이루기까지

> 나의 자녀들아 너희 속에 그리스도의 형상을 이루기까지 다시 너희를 위하여 해산하는 수고를 하노니(갈 4:19)

바울은 이 사람들을 위해 신음하고 방언으로 기도하며 해산의 수고를 하였고 결국 그들은 거듭났습니다(해산이란 말은 고통과 신음과 아픔 가운데 아기를 낳는 여자의 수고를 의미합니다).

여기서 바울은 그리스도가 너희 안에 이루어지기까지 다시 해산의 수고를 하고 있다고 말하고 있습니다.

바울은 그들이 죄인으로서 하나님의 왕국에 태어나도록 기도했었고 이제는 그리스도인으로서 성숙·성장하여 어린 그리스도인으로 남아 있지 않도록 해산의 수고를 하고 있는 것입니다.

영적 성장과 육적 성장은 비슷한 점이 있습니다. 아무도 다 자란 성인으로 태어나지 않습니다. 사람은 어린 아기로 태어나서 자랍니다. 다 성장한 그리스도인으로 거듭나는 사람은 없습니다. 모두 어린 아이 그리스도인으로 태어납니다. 그리고 영적으로 성장하는 것입니다.

성경은 "갓난 아기들 같이 순전하고 신령한 젖을 사모하라 이는 그로 말미암아 너희로 구원에 이르도록 자라게 하려 함이라"(벧전 2:2)라고 말씀하고 있습니다. 이 갈라디아의 교회들은 은혜 가운데 행하는 대신 율법 아래로 다시 돌아가려고 하고 있었습니다. 그래서 바울은 그들이 성숙하고 성장하도록 그들을 위해 기도하며 해산의 수고를 하고 있었습니다.

에바브라도 골로새의 그리스도인들과 라오디게아와 히에라볼리의 그리스도인들을 위해 똑같이 기도했습니다.

> 골 4:12-14
> 그리스도 예수의 종인 너희에게서 온 에바브라가 너희에게 문안하느니라 그가 항상 너희를 위하여 애써 기도하여 너희로 하나님의 모든 뜻 가운데서 완전하고 확신 있게 서기를 구하나니 그가 너희와 라오디게아에 있는 자들과 히에라볼리에 있는 자들을 위하여 많이 수고하는 것을 내가 증언하노라

나는 부흥회 기간 중에 강단 앞에 나왔던 한 젊은 자매가 하나님의 임재를 경험하는 놀라운 일을 특별히 기억하고 있습니다. 그녀는 영광스럽게 구원받고 성령 세례를 받았습니다. 그 자매의 얼굴이 얼마나 빛나던지요! 일년이 조금 못 되어 나는 그 지역을 다시 방문하게 되었습니다. 그 때 그녀가 생각나서 근황을 물어 보았습니다.

그들은 안색이 변하여
"아, 그 자매는 실족해 버렸습니다."
"오, 정말 안됐군요."
"우리도 그렇게 생각합니다"라고 했습니다.

그 때 아주 분명하게 하나님의 영이 제 속에서 이렇게 말씀하셨습니다.

"그렇다. 교회가 그 책임을 져야 한다. 교회가 비난받아야 한다."

나는 오랫동안 이 말을 이해할 수 없었습니다. 어떻게 사람이 실족한 것에 대하여 교회가 책임을 질 수 있단 말인가? 그 때 나는 갈라디아서 4장 19절을 보았습니다.

갈 4:19
나의 자녀들아 너희 속에 그리스도의 형상을 이루기까지 다시
너희를 위하여 해산하는 수고를 하노니

보십시오. 그 교회는 그녀가 구원받았고 성령 세례 받는 것을 보았습니다. 그리고 "자, 이제 이 자매는 됐다"고 말했던 것입니다.

그러나 그녀는 어린 아기일 뿐입니다. 그들은 그녀를 기도로 붙잡고 있어야만 했습니다. 그들이 기도하지 않을 때 심판 날이 오면 하나님께서 그 교회에 책임을 물을 것입니다. 하나님께서는 각 교회에서 태어난 모든 어린 아기들에 대해서 교회에 책임을 물을 것입니다.

그 질문은 "너는 그들을 어떻게 하였느냐?"일 것입니다. "그들을 가르쳐 주었느냐?" "그들을 위해 계속 기도했느냐?" 만일 그들이 실수를 저질렀을 경우에 그들을 넘어진 채로 내버려 두고는 "믿다가 실족한 한심한 친구! 하나님과의 관계를 회복하시오"라고 하든가 "여기서 꺼져 버려"라고 하지는 않았는지. 영적으로 어린 아이인 사람은 누군가가 붙들어 주어야 합니다. 누군가가 먹여 주어야 합니다. 누군가가 돌봐 주어야 합니다.

대부분의 경우 그리스도인을 위한 기도에 있어서는 이런 해산의 수고가 꼭 필요한 것은 아닙니다. 왜냐하면 이런 경우 갈라디아 교회처럼 그렇게 굳게 결속되어 있지는 않기 때문입니다. 하나님의 영에 귀를 기울여 듣고 성령님이 인도하는 대로 기도하십시오.

제 20 장
죄 가운데 있는 사람들을 위한 기도

또 내가 다시 갈 때에 내 하나님이 나를 너희 앞에서 낮추실까 두려워하고 또 내가 전에 죄를 지은 여러 사람의 그 행한 바 더러움과 음란함과 호색함을 회개하지 아니함 때문에 슬퍼할까 두려워하노라(고후 12:21)

우리는 믿는 사람들 안에 그리스도의 형상이 이루어지도록 기도할 때 해산의 수고를 해야함을 알았습니다.

바울은 죄를 짓고 회개하지 않는 많은 사람들로 인해 슬퍼했다고 말하고 있습니다. 우리는 죄를 짓고도 회개하지 않는 사람들을 위해 중보 기도할 필요가 있습니다.

고린도는 그 지역에서 가장 부도덕하고 관능적인 도시들 중의 하나였습니다. 그 도시에 만연하던 똑같은 영들이 교회로 들어왔습니다. 바울이 더러움과 음란함과 호색함을 말할 때는 성적인 불순함을 언급하고 있는 것입니다. 교회 안에 있는 사람들은 이런 일들을 행하고도 회개하지 않았습니다.

"슬퍼하다(bewail)"로 번역된 그리스어는 속으로 심히 애통해 하는 것을 의미합니다. 슬퍼한다는 말은 여기서 애통해 하는 행위와 감정을 모두 포함합니다. 애통해 하는 것은 중보 기도할 때 나타나는 반응 중의 하나입니다.

우리는 지금 될 수 있는 대로 모든 것을 허용하는 부도덕한 시대에 살고 있습니다. 동성연애, 결혼하지 않고 동거하는 것 등 온갖 추한 것들이 숨어 있다가 밖으로 나타나고 있습니다. 교회는 이런 것들을 눈감아 주고 있는 것 같습니다. 그러나 죄에 대해서는 하나님께서 느끼시는 것처럼 우리도 그렇게 느껴야 합니다.

> 죄란 하나님의 뜻을 범하는 것입니다. 하나님은 죄와 영원히 전투 중이십니다. 죄는 넓은 의미로 불의(iniquity)와 범법(transgression)의 의미(요일 3:4, 5:17)로 사용되고 있습니다. 죄는 사망으로 이끕니다(약 1:13-15). 죽음은 하나님과 분리된 것입니다. 우리는 육체의 죽음을 말하고 있는 것이 아닙니다. 죄는 끔찍한 것입니다.
> 크리소스톰(주후 347-407)은 죄에 대해 이렇게 말했습니다. "나는 지옥의 고통으로 괴로워하는 것보다 그리스도께 죄를 짓는 것이 더 쓴 것이라고 생각하고 설교합니다."
> 안셀름(11세기)은 이렇게 말했습니다. "한 쪽이 지옥이라면 다른 쪽은 죄입니다. 나는 고의로 나의 하나님께 죄를 짓기보다는 지옥으로 뛰어 들어가겠습니다." "죄와 싸우되 피 흘리기까지 대항하는"(히 12:4) 영웅들은 어디 있습니까? 우리는 하나님께서 죄를 어떻게 여기시는지 정확히 알 수 없지만, 하나님께서 그 죄를 용서하시기 위해 치르신 희생의 크기 즉 그의 아들로 미루어 짐작할 뿐입니다.   – 리트

하나님은 사랑이십니다. 나는 믿음을 설교합니다. 그리고 믿음은 사랑으로 역사합니다. 그래서 나는 사랑을 설교해야 합니다. 그러나 하나님이 심판의 하나님이신 것을 잊지 않도록 설교해야 합니다. 하나님은 또한 공의의 하나님이십니다. 죄는 형벌이 따릅니다. 바울은 죄를 짓고도 회개하지 않고 있는 고린도의 그리스도인들에 대하여 애통해 했습니다. 놀랄 일이 아닙니다. 우리도 우리 가운데 있는 같은 상황에 처한 사람들을 위해 애통해 해야 합니다. 월포트 리트는 "죄와 그 결과의 끔찍함은 우리로 하여금 다른 사람들을 위해 중보하도록 한다"고 말했습니다.

하나님께서는 요한계시록 21장 8절에 죄를 분류해서 명시하셨습니다. 하나님은 살인보다도 먼저 두려움과 불신앙을 죄의 첫 번째에 두셨습니다. 우리 형제들이 두려움, 불신앙, 의심, 용서하지 않음, 염려의 올무에 묶여 있는 것을 보는 것은 우리들로 하여금 그들을 위해 중보할 수 밖에 없도록 합니다.

제 21 장
귀신으로부터 풀려나기 위한 기도

끝으로 형제들아 너희는 우리를 위하여 기도하기를 주의 말씀이 너희 가운데서와 같이 퍼져 나가 영광스럽게 되고 또한 우리를 부당하고 악한 사람들에게서 건지시옵소서 하라 믿음은 모든 사람의 것이 아니니라 주는 미쁘사 너희를 굳건하게 하시고 악한 자에게서 지키시리라(살후 3:1-3)

"우리를 위하여 기도하기를 … 우리를 … 건지시옵소서"라고 이 구절은 말하고 있습니다. 바울이 요청한 대로 기도하려면 데살로니가 사람들은 바울의 건져내어짐(deliverance)과 보호받기(protection)를 위해 기도했었을 것입니다. 나는 나의 경험과 다른 사람들의 직접 경험을 통해서 기도 때문에 건짐 받은 많은 사람들의 경우를 알고 있습니다.

월포드 리트는 밤 2시에 하나님이 깨워 아들을 위해 기도하도록 한 어머니의 이야기를 알고 있습니다. 그녀는 성령의 위급함을 통해 무언가 심각하게 잘못되고 있음을 알았습니다. 그녀는 이 위급한 기분을 묵살하지 않고 인정했습니다. 그녀는 그 부담감이 없어질 때까지 간절히 기도했습니다.

후에, 하나님께서 그녀에게 기도하라고 하셨던 바로 그 때 그녀의 아들이 타고 있던 전함이 벼락을 맞았다는 사실을 알았습니다. 전함의 의료팀은 그녀의 아들이 죽었다고 믿고 시체를 두는 곳에 다른 시신과 함께 두었다고 합니다. 그 아들은 시간이 좀 지난 후에 다시 살아나 사람들을 놀라게 했습니다. 그의 어머니가 기도했기 때문에 지금까지 살아 있습니다.

그 옛날 오순절 목사이자 선교사인 어느 형제와 그의 아내 블랑쉬가 아프리카에서 선교사로 있었을 때 일어났던 일에 관하여 말하는 것을 들은 적이 있습니다. 선교사의 장인, 장모는 뉴잉글랜드 지방의 한 농장에 살았습니다. 그녀의 아버지 형제는 구원받지 못한 알코올 중독자였고 간경화증으로 죽어 가고 있다가 우드워쓰 에터 자매의 한 집회에 참석하여 깨끗이 치유 받고 구원과 성령 충만도 받았습니다. 이 일이 있을 때 그들의 사위와 딸은 아프리카에 선교사로 있었습니다. 어느 날 아침해가 뜨기 전, 그는 젖소들의 젖을 짜려고 마구간으로 가고 있었습니다. 아침 5시경에 마구간과 집의 중간쯤에 우유통을 두고 그는 부엌으로 돌아왔습니다. 아침을 준비하던 그의 아내가 그를 쳐다보고 말했습니다.

"무슨 일이 있어요?" 당신 얼굴이 창백해 보이네요. 어디 아프세요?"

"아니, 난 아프지 않아요."

"그런데 웬일이예요?"

"나도 무슨 일인지 모르겠어요. 그런데 블랑쉬에게 무슨 일이 있는 것 같아요. 그 애의 목숨이 위험하니 우리 기도합시다."

그는 부엌 바닥에 무릎을 꿇고 성령으로 신음하며 방언으로 기도했습니다. 여섯 시가 되었습니다. 그는 계속 기도하고 있었습니다. 일곱 시가 되었습니다. 그는 아직도 기도하고 있었습니다. 소들이 소리지르고 닭들이 아우성 쳤습니다. 돼지들도 꽥꽥 대었습니다. 아침을 못 먹었기 때문이었습니다. 그는 여전히 신음하며 괴로워 하며 기도했습니다. 그는 82세였는데 9시, 10시, 11시가 넘어서도 바닥에서 일어서지 않았습니다. 12시, 1시, 그는 계속 기도했습니다. 오후 2시, 중단하지 않고 9시간 동안 신음하고 울부짖고 기도했습니다. 2시가 되자 부담감이 사라졌습니다. 그는 웃으면서 방언으로 찬양을 드렸습니다.

"그것이 무엇이든지 우리는 응답 받았다."

그는 함께 기도하던 아내에게 말했습니다. 그 당시는 통신 수단이 오늘날과 달랐습니다. 시간이 지나서 배편으로 아프리카에서 편지가 왔습니다. 블랑쉬의 남편인 선교사가 그의 장인, 장모에게 블랑쉬는 열대성 열병에 걸렸으며, 한 번 걸리면 살아날 수 없는 그런 열병이라는 것과 어떻게 블랑쉬가 죽음 직전까지 갔는지 전 과정을 말해 주었습니다. 사실 그녀는 죽은 것으로 여겨졌으나 갑자기 건강해져서 일어났습니다!

블랑쉬 부부와 그들의 부모는 그들의 노트를 비교해 보았습니다. 시차를 조정해 보니 블랑쉬가 나아서 일어난 시간이 정확히 오후 2시, 즉 그 부담감이 그녀의 아버지를 떠났던 시간이었습니다.

블랑쉬의 아버지는 이 기도의 부담감과 9시간이나 씨름하며 싸웠습니다. 이것이 바로 집요함입니다. 그는 부담감이 사라질 때까지 포기하는 것을 거절했습니다.

이 점을 바로 많은 사람들이 놓치는 것입니다. 하나님은 우리가 그것을 보도록 도와 주십니다. 우리는 그 자신의 치유를 위해 '지금' 하나님을 믿도록 노력하는 믿음과 믿음의 기도를 강조하고 있습니다. 물론 이것이 기도의 유일한 목적이라는 인상을 남겨 놓으려고 말하는 것은 아닙니다.

예를 들면 전도 집회나 세미나에서는 사람들이 '지금' 자신들의 직접적인 필요를 해결 받을 수 있도록 사람들이 믿음의 위치에 이르도록 노력을 기울입니다. 우리는 자신들의 개인적 필요를 채우기 원하는 사람들에 대해 다루고 있습니다.

믿음의 기도의 역사를 지배하고 있는 법칙이 중보 기도의 역사를 지배하지는 않습니다. 믿음의 기도는 우선 여러분 자신을 위해 하는 기도입니다. 영적으로 어린 아이가 아닌 사람을 위해 믿음의 기도를 하는 경우는 매우 드뭅니다. 경우에 따라 잠시 그들을 당신의 믿음으로 이끌어갈 수는 있습니다.

만일 블랑쉬의 아버지가 승리를 얻을 때까지 지속해야 하는 기도에 대해 알지 못하고 단지 믿음의 기도(the prayer of faith)에 관하여만 들었었다면, 그는 아내에게 이렇게 말했을 수도 있습니다.

"무슨 일이 있는 지는 모르겠지만, 그것이 무엇이든지 블랑쉬가 무사하도록 우리 뜻을 합칩시다."

이렇게 기도해서는 역사하지 못했을 것입니다. 그들의 딸 블랑쉬는 죽었을 지도 모릅니다.

믿음의 기도가 모든 경우에 항상 역사 하는 것이 아닙니다. 믿음의 기도는 그렇게 설계되지 않았습니다. 만일 그렇다면 우리가 할 기도는 오직 이 기도뿐일 것입니다. 하나님의 영이 말씀을 통하여 기도하도록 격려하는 여러 다양한 기도가 필요 없었을 것입니다.

나는 내 자신을 위해서는 항상 믿음의 기도를 할 수 있습니다. 그리고 나는 늘 믿음의 기도를 합니다. 그러나 다른 사람을 위해서 항상 믿음의 기도를 할 수 있는 것은 아닙니다. 물론 나와 뜻이 같은 사람이 있다면 그를 위해 믿음의 기도를 할 수 있습니다. 그러나 그 사람이 나와 함께 있지 않다면 우리가 어떻게 같은 뜻을 가질 수 있겠습니까?

기도를 통해 위대한 승리를 얻은 적이 많습니다. 그리고 우리가 기도할 시간을 갖지 않아 큰 전쟁에서 실패한 적도 많습니다.

1965년 나는 오클라호마에서 6주간의 집회를 가졌습니다. 그리고는 달라스 근처에 있는 집에 돌아가 몇 가지 작은 일을 처리하고, 켄사스시티로 갈 계획이었습니다. 켄사스시티에서는 순복음 실업인회 조찬 기도회에서 말씀을 전하도록 되어 있었습니다.

그런데 집에 도착하자 마자 나는 어떤 사람을 위해 기도해야 할 부담을 갖게 되었습니다. 나는 누군가가 자동차에서 튀어나오는 것을 느꼈습니다. 그러나 나에겐 짧은 시간에 처리해야 할 일이 너무나 많아 "우선 이 일부터 해야 한다. 그 다음엔 저 것을, 그리고 또 그 것을 해야 해"라고 생각하면서 이 부담이 지나가도록 내버려 두었습니다.

나는 말없이 속으로 기도했습니다. 그러나 나는 조용히 하나님과 함께 '내가 왜 이 부담을 느낄까? 이것이 무엇일까?'에 대한 답을 얻기 위해 시간을 내었어야만 했습니다. 나는 자연적인 세계를 넘어 영의 세계로 들어가도록 시간을 충분히 가졌어야만 했습니다.

금요일 달라스를 떠날 때는 비가 내렸습니다. 내 차엔 안전 벨트가 있었지만 나는 한 번도 매어 본 적이 없었습니다. 이번에 나는 안전 벨트를 매었습니다.

내 아내는 "웬일이예요?" 하고 말했습니다. 그녀는 내가 결코 안전 벨트를 안 한다는 것을 알고 있었습니다.

"나도 모르겠어. 누군가 차에서 튕겨 나오는 기분을 느꼈는데 우리일 수도 있다는 생각이 드는군."

우리는 늘 하듯이 지켜주시기를 기도했습니다. 우리는 털사의 친구 집에서 그 날 밤을 보냈습니다. 토요일 아침 떠날 때도 계속 비가 내렸습니다. 다시 한 번 안전 벨트를 맸습니다. 아직도 나는 그 기분을 떨쳐 버릴 수 없었기 때문이었습니다. 시간을 내어 기도했어야만 했는데 기도하지 않았습니다.

토요일 밤 우리는 캔사스에 있었습니다. 말씀을 전하기에 앞서 연회장에서 식사하고 있었는데, 바로 그 때 누군가가 와서 장거리 전화가 왔다고 했습니다. 나는 전화기로 갔습니다. 나의 조카가 차창 밖으로 튕겨 나가는 사고를 당했다는 것이었습니다. 의사들은 그 조카가 살 가망이 없다고 말했습니다.

이것이 바로 하나님께서 내게 말씀하시려고 애쓰셨던 것입니다. 왜 내가 시간을 내지 않았을까요? 나는 너무 바빠서 그런 책임을 감당하지 않았습니다. 얼마나 엄청난 책임인지요!

때로는 생명이 우리의 기도에 따라 좌우됩니다. 만일 내가 기도할 시간을 가졌었다면 무슨 일이 일어났겠습니까? 그 조카는 그 사고를 피할 수 있었을 것입니다. 조카는 어떻게 되었느냐고요? 그녀는 3살, 5살된 두 아이들을 남겨 놓고 스물 다섯에 죽었습니다.

1939년 내 아내와 나는 다른 목회지로 가기 위해 이사를 했습니다. 그러나 잠시 처음 살던 곳으로 돌아와 장인, 장모를 방문하였습니다. 우리는 장인, 장모와 함께 이웃 농장을 방문했습니다.

그 농부는 시름시름 앓고 있었는데 무엇 때문에 아픈지 정확한 원인을 찾아내지 못했습니다. 다만 병이 심각하다는 것은 알고 있었습니다. 여자들은 집 안에 있었고 이 농부는 장인과 나와 함께 현관 앞 뜰에 앉아 대화를 나누고 있었는데, 내 속에서 이 농부를 위해 기도해야겠다는 진정한 고뇌와 부담이 있었습니다.

그와 장인은 대화 중에 무엇인가 주님에 관하여 말할 수 있는 기회를 내게 주었지만 평안한 분위기를 깨지 않으려고 나는 주님에 대해 말하지 않았습니다. 그리고 대화는 바뀌었고, 다시 화제를 돌릴 수가 없었습니다. 나는 그에게 그의 영혼의 문제를 해결할 수 있는 아무런 말도 하지 않았습니다.

우리는 처가 식구들과 이틀을 더 보낸 후 집으로 돌아왔습니다. 이틀 후에 장모님은 그가 죽었다고 전했습니다. 나는 주님의 인도를 따라 그에게 아무 것도 말하지 않은 것을 잠시 후 회했지만 곧 그 일에 대해 더 생각하지 않게 되었습니다.

관례대로 주일 밤 우리는 예배 시작 전에 15분간 기도하기 위해 제단 앞에 모였습니다. 나는 강단에서 내려와 무릎을 꿇고 눈을 감자 즉시 성령 안에 있게 되었습니다.

나는 그 사람을 보았습니다. 나는 결코 그 장면을 잊지 못할 것입니다. 이 장면을 떨쳐 버리는데 몇 주간이 걸렸습니다. 밤중에 잠이 깨어서도 보였습니다. 나는 그 사람이 지옥에 있는 것을 보았습니다. 나는 그의 부르짖음을 들을 수 있었습니다. 나는 마치 누가복음 16장의 부자가 그의 혀를 식히려고 물을 달라고 하는 것 같이 그가 울부짖는 것을 들었습니다. 그리고 나는 예수님을 보았습니다. 주님은 나를 지적하시면서 이렇게 말씀하셨습니다.

"나는 그에 대한 책임을 네게 묻겠다. 내가 네게 기도의 부담을 주었건만 너는 기도하지 않았다. 나는 네가 말할 수 있는 문을 열어 주었건만 너는 말하지 않았다."

"오! 나의 하나님!"

나는 부르짖었습니다. 한 시간 반 동안 무릎을 꿇고 눈물을 흘리며 "오! 나의 하나님! 이 일이 나를 지나가게 하소서"라고 외치며 회개했습니다. 그날 밤 나는 설교하지 않았습니다. 다른 사람들은 무슨 일인지 알지 못했습니다.

우리는 결코 기도하고 싶은 충동을 가볍게 여겨서는 안됩니다. 왜냐하면 이것이 어떤 십자가 용사에게 삶과 죽음의 차이를 가져다 줄지도 모르기 때문입니다.   – 리트

제 22 장
불신자를 위한 중보 기도

> 이러한 일을 들은 자가 누구이며 이러한 일을 본 자가 누구이냐 나라가 어찌 하루에 생기겠으며 민족이 어찌 한 순간에 태어나겠느냐 그러나 시온은 진통하는 즉시 그 아들을 순산하였도다(사 66:8)

많은 사람들이 이 구절을 보고 이스라엘이 한 국가로서 다시 탄생하는 것을 언급한 것으로 생각했습니다. 그러나 대부분의 구약성경의 예언들은 이중적으로, 즉 자연적으로 그리고 영적으로 적용됩니다.

이사야는 이스라엘이 자연적으로는 한 국가로 다시 탄생할 것을 예언하고 있으나 영적으로는 시온이 진통하므로 그 자녀들을 낳은 것을 말하고 있습니다.

시온이 누구입니까? 새 언약을 믿는 우리는 모세가 십계명을 받았던 시내산으로 나오는 것이 아니라 시온산으로 나온다고 기록하고 있습니다. 신약성경은 교회를 시온산이라 일컫고 있습니다.

> 히 12:18-24
> 너희는 만질 수 있고 불이 붙는 산과 침침함과 흑암과 폭풍과 나팔

소리와 말하는 소리가 있는 곳에 이른 것이 아니라 그 소리를 듣는 자들은 더 말씀하지 아니하시기를 구하였으니 이는 짐승이라도 그 산에 들어가면 돌로 침을 당하리라 하신 명령을 그들이 견디지 못함이라 그 보이는 바가 이렇듯 무섭기로 모세도 이르되 내가 심히 두렵고 떨린다 하였느니라 그러나 너희가 이른 곳은 시온 산과 살아 계신 하나님의 도성인 하늘의 예루살렘과 천만 천사와 하늘에 기록된 장자들의 모임과 교회와 만민의 심판자이신 하나님과 및 온전하게 된 의인의 영들과 새 언약의 중보자이신 예수와 및 아벨의 피보다 더 나은 것을 말하는 뿌린 피니라

여기서 교회를 장자들의 모임이라고 부르는 것을 주의해 보십시오. 이사야서의 본문에서는 "시온은 진통하는 즉시 그 자녀를 순산하였다"고 말했습니다.

갈 4:19
나의 자녀들아 너희 속에 그리스도의 형상을 이루기까지 다시 너희를 위하여 해산하는 수고를 하노니

바울은 갈라디아에 있는 교회들에게 편지를 하고 있습니다(갈 1:2). 바울은 처음에 그들이 구원받게 된 것을 진통하며 해산한 것처럼 말하고 있습니다(이제 그는 '다시' 진통을 겪고 있습니다).

우리는 회심시키는 것에 관해 말합니다만, 하나님은 회심을 언급하신 적이 없으십니다. 하나님은 출산을 원하십니다. 여러분은 거듭나야만 합니다! 진통 없이 출산할 수는 없습니다. 여기서 핵심은 여자가 아기를 낳는다는 것입니다.

(거듭나기 위해서는 제단에 나와 진통을 겪어야 된다는 의미가 아닙니다. 아기는 스스로 태어날 수 없습니다. 어둠의 왕국에서 빛의 왕국으로 진정으로 태어나기 위해 누군가가 진통을 해야 합니다.)

> 바울은 진통을 겪었습니다. 이것은 영적인 행위입니다. 이것은 속 사람이 강한 고통을 겪는 것입니다. 이 진통은 자연 분만의 고통과 비교할만 합니다. 실제적 중보가 관련되어 있습니다. 지금 주님과 함께 있는 내 친구는 문자 그대로 심장이 터질 것 같이 생각될 정도로 중보하며 기도의 진통을 겪었습니다. 물론 겉 사람에게는 거의 불가능한 일입니다. – 리트

나도 이 진통을 반복해서 경험했습니다. 얼마든지 예를 들 수 있습니다. 지금 말하려고 하는 것은 그 중에서 가장 기억에 남는 것입니다.

1953년 12월 첫 금요일 밤, 아리조나 피닉스에서 일어났던 일입니다. 나는 집회 기간 동안 그 교회의 한 가정에서 머무르고 있었습니다. 금요일 밤 집회 후에 그들은 결혼한 세 딸과 사위들을 초청하여 간단한 다과를 나누도록 하였습니다. 남자들은 거실에 앉아 이야기를 하고 있었습니다. 여자들은 부엌에서 먹을 음식을 준비하고 있었습니다. 그 때 갑자기 나는 기도하고 싶은 충동을 느꼈습니다.

그러나 나를 오해하지는 마십시오. 아무도 강요하는 사람은 없었습니다. 그러나 부담감이 있었습니다. 기도하고 싶은 충동이 그냥 내 위에 덮친 것 같았습니다. 나는 이 집 식구들이

이런 것은 이해해 주리라 생각했습니다(그들이 이해 못했다면 나는 내 침실로 돌아와 기도하기 위해 양해를 구했을 것입니다). 그래서 집 주인에게 "기도를 해야 합니다"라고 말했습니다. 집 주인은 곧 부인을 불러 "음식 준비는 그만 두세요. 해긴 형제가 기도할 부담이 생겼답니다. 우리도 그와 함께 기도합시다"라고 했고, 나는 거실의 큰 의자 옆에 무릎을 꿇었습니다. 내 무릎이 바닥에 닿는 순간 나는 성령 안에 있었습니다. 나는 목소리를 높여 방언으로 신음하며 기도했습니다. 그것은 마치 내 속 깊숙이 마치 아기라도 낳으려는 듯한 심한 고통이었습니다. 진통 중에는 고통과 신음이 있었습니다.

나는 내가 중보 기도하고 있음을 알았습니다. 잃어버린 영혼에 대한 중보의 영이 여러분에게 임하면 마치 당신 자신이 잃어버린 영혼인 것 같은 느낌을 받습니다. 당신은 하나님의 자녀입니다. 그러나 당신이 중보하는 사람이 잃어버린 영혼이라면 당신도 똑같이 잃어버린 자처럼 느낍니다.

많은 사람들이 여러 번 "해긴 형제, 나는 구원받고 성령 충만도 받았는데 가끔 하나님께서 역사하시는 예배 중에 내 속에서 마치 내가 잃어버린 영혼과 같이 느껴질 때가 있습니다. 영접 초청 때는 제단 앞으로 나가야 할지 망설여집니다. 아마 내가 하나님과 바른 관계에 있지 못하기 때문이지요"라고 말합니다.

"그게 바로 중보 기도입니다. 그것은 하나님의 성령께서 어떤 잃어버린 영혼의 짐을 누군가에게 지우려고 하는 것입니다. 하나님께서는 자신이 사용할 수 있는 사람을 회중 가운데서 찾고 계시는 중이시지요. 이런 일이 다시 일어나거든 당신 스스로는 어떻게 할 수도 없고 예배 도중이라면 일어나 기도할 장소를 찾아가야 합니다. 그렇지 않으면 조용히 앉아서 당신 속으로 신음하면서 당신이 중보하고 있는 그 사람이 하나님의 부르심에 반응을 보일 때까지 기다리십시오."

여기에서 우리가 배워야 할 것이 있습니다. 중보의 기술은 우리가 아직도 잘 모르는 분야입니다. 이런 유의 중보를 실제로 해보기 전까지는 성령의 역사하심이 어느 정도인지 알 수 없습니다.

나는 피닉스에서 그 금요일 밤에 눈물을 흘리며 신음하며 방언으로 한 시간 가량 기도했습니다. 나는 잃어버린 영혼 누군가를 위해 중보하고 있었다는 것을 알았습니다. 뿐만 아니라 승리의 신호가 나타날 때까지 계속 기도해야 된다는 것을 알았습니다. 승리의 싸인이란 것은 부담감이 사라지고, 가벼워진 기분과 상쾌하고 복 받은 느낌이 드는 것을 말합니다. 또는 당신이 방언으로 노래하기 시작할 때나 신음 대신 웃기 시작할 때를 말합니다. 다른 말로 하면 당신이 기도하던 것을 그것이 무엇이든 소유하게 되었다는 것입니다.

주님은 가끔 내가 무엇을 위해 누구를 위해 기도하고 있는지 알려 주실 것입니다. 그날 밤 주님은 환상을 보여주셨습니다. 나는 환상 중에, 집회를 하고 있는 교회에 사람이 가득한 것을 보았습니다. 강단에서 설교하는 나 자신을 보았습니다. 내가 전에 설교한 적이 없는 설교를 하는 것을 보았습니다. 나는 이 설교에서 네 가지 요점을 말하는 것을 들었습니다(나는 아주 새로운 설교를 받았고 그 다음 주일 밤에 그것을 설교하였습니다).

내가 설교를 마치고 강단에 기대어 서더니 앞줄에서 두 번째 좌석에 앉아 있는 사람을 가리키는 것을 보았습니다. 그 사람을 가리키면서 "형제, 하나님께서 내게 보여주시는데 형제는 70세가 넘은 나이이며 지옥이 없다는 마음으로 가르침 받고 자랐군요. 그런데 하나님은 내게 말씀하시기를 당신은 지금 한 발은 이미 지옥에, 한 발은 지옥으로 미끄러지고 있는 중임을 말해주라고 하십니다."

나는 그 사람이 자리에서 일어나더니 제단 앞에 나와 무릎을 꿇고 구원받는 것을 보았습니다.

나는 내가 그를 위해 중보하고 있었다는 것을 알았습니다. 나는 그를 위해 기도하며 진통을 겪는 중임을 알았습니다. 거기 있던 사람들도 내가 무엇인가를 보았다는 것을 알았습니다. 그래서 그들이 내게 물어 보았습니다. 나는 그들에게 그 사람에 대해 묘사를 했고 그가 어떻게 옷을 입었는지 설명을 했습니다. 다음 주일 밤에 내가 이전 금요일에 보았던 대로 정확하게 모든 일이 일어났습니다. 나와 함께 기도했던 사람들이 그 날 밤 예배 후에 내게 이렇게 말했습니다.

"해긴 형제, 우리는 형제가 예배를 드리기 시작하기 전에 그 친구가 와 있는 것을 보았습니다. 형제가 앉으리라는 곳에 그는 앉았으며 형제가 본대로 옷을 입고 있었습니다. 우리는 그 사람을 전에 본 적이 없었습니다."

아무도 그를 전에 본 적이 없었습니다. 그러므로 그들은 그를 위해 기도하지 않았습니다. 그러나 성령님은 아셨습니다. 그 사람은 다른 사람들과 함께 구원받았습니다. 예배가 끝난 후 그 사람은 담임 목사와 나를 껴안으려고 다가왔습니다. 그는 목사님에게 이렇게 말했습니다.

"목사님이 내가 70이 넘었다고 하셨는데 72세입니다. 오늘 나는 태어나서 처음으로 교회 건물 안에 들어왔습니다. 이 목사님이 말씀하시기를 내가 지옥이 없다는 것을 믿도록 양육 받았다고 하셨는데, 사실 나의 부모님은 유니버설리스트(믿음과 관계없이 모든 사람은 구원받는다고 가르치는 이단)였고 그들은 지옥은 없다고 내게 가르쳤습니다. 목사님은 또 내가 한 발은 지옥에 미끄러져 들어가고 있는 중임을 내게 말해주라는 하나님의 명령을 받았습니다. 나는 목사님이 무슨 말씀을 하셨는지 정확히 알고 있습니다. 그래서 나는 피닉스에 왔습니다. 나는 추운 북쪽에서 왔는데, 심한 심장마비를 일으켜서 의사는 따뜻한 이 곳에 오면 건강에 도움이 될 것이라고 했습니다."

누군가가 "그는 주일 밤에 구원받았습니다"라고 했으나 실제로는 금요일 밤 내가 해산의 진통을 할 때 일어난 것입니다.

왜 오늘날 교회에 영적 어린아이들이 태어나지 않는지 아십니까? (어떤 교회에는 많은 회심은 있어도 출산은 적습니다.) 모두 진통 즉, 신음하는 기도가 없기 때문입니다. 누군가 기도 중에 신음하고 진통하기 시작하면 다른 사람들은 그들을 교회 밖으로 쫓아내어 버립니다.

몇 년 전에 나는 주일 아침 예배에 몇 백 명이 모이는 순복음 교회에서 말씀을 증거한 적이 있었습니다. 주일 밤의 예배당이 거의 가득 찼습니다. 그 교회에는 그리어 할머니라는 80이 조금 넘은 사랑스러운 부인이 있었습니다. 그 분은 1900년대 초부터 오순절 운동에 몸담아 오신 분이었습니다. 1906년경 그 분은 성령 세례를 받았습니다. 그 분은 진통하며 하나님 앞에서 시중들며 기다리는 것에 대해서 무엇인가를 알고 있었습니다. 모든 짐을 자신의 등에 지고 제단에서 진통의 영 안에서 신음하며 방언으로 기도하곤 하였습니다.

나는 3년 후 이 교회에 다시 와서 설교할 기회가 있었습니다. 주일 아침 예배 때 건물이 가득 차는 대신 80~90명밖에 남아 있지 않았습니다. 주일 저녁에는 35~50명이 전부였습니다.

"무슨 일이 있었습니까?"라고 누군가에게 물었습니다.

교인 중 한 분이 대답했습니다.

"목사님, 그리어 할머니를 기억하십니까?"

"그럼요."

"그 분이 항상 그랬듯이 제단에서 기도하고 있었는데, 새로 부임해 오신 목사님께서 일어나서 '앞으로 이런 짓들은 여기서 해서는 안됩니다'라고 말했습니다."

그 목사님이 그만두게 하신 것입니다. 진통이 없으니 더 이상 신생아들이 없게 된 것입니다. 시온이 진통할 때 자녀를 낳게 되는 것입니다.

제 23 장
승리하는 기도

효과적으로 기도에 승리하려면 그 기도가 하나님의 말씀에 근거한 것이어야 합니다. 믿음은 오직 하나님의 뜻이 어디에 있는지 알게 되어야 시작됩니다.

하나님의 말씀은 하나님의 뜻입니다.

다니엘서 9장 2절에서 다니엘은 하나님의 말씀을 읽으므로 말미암아 예레미야가 예언한 70년, 즉 포로가 된지 70년이 다 되었음을 깨닫게 되었습니다.

> 단 9:2
> 곧 그 통치 원년에 나 다니엘이 책을 통해 여호와께서 말씀으로 선지자 예레미야에게 알려 주신 그 연수를 깨달았나니 곧 예루살렘의 황폐함이 칠십 년만에 그치리라 하신 것이니라

다니엘은 하나님의 말씀을 읽고 나서 기도와 금식으로 주님의 얼굴을 구하기로 하였습니다. 그러나 다니엘이 찾고 있는 해답을 한 천사가 가지고 온 것은 꼭 3주 후였습니다. 사실 다니엘의 기도는 그가 기도한 첫 날 들으신 바 되었습니다. 그 천사가 다니엘에게 말했습니다.

단 10:12
그가 내게 이르되 다니엘아 두려워하지 말라 네가 깨달으려 하여
네 하나님 앞에 스스로 겸비하게 하기로 결심하던 첫날부터 네
말이 응답 받았으므로 내가 네 말로 말미암아 왔느니라

다음 구절에서 천사는 다니엘의 기도가 응답되는데 왜 그렇게 오랜 시간이 걸렸는지 그 비밀을 알려 주었습니다.

단 10:13
그런데 바사 왕국의 군주가 이십일 일 동안 나를 막았으므로 내가 거기 바사 왕국의 왕들과 함께 머물러 있더니 가장 높은 군주 중 하나인 미가엘이 와서 나를 도와 주므로

이 장의 첫 구절로 돌아가 봅시다. "바사 왕 고레스 제 삼년에 한 일이 벨드사살이라 이름한 다니엘에게 나타났는데 … " 이런 일들이 바사왕 고레스가 통치하던 3년째 일어났었다고 되어 있습니다.

그러나 13절에서 천사가 말하기를 "바사 왕국의 군주(prince)가 나를 막았으므로"라고 했습니다. 이 바사의 군주는 하나님의 말씀을 전달하는 천사를 대항하며 하늘에서 싸웠던 것입니다. 후원군인 천사장 미가엘이 그 천사가 메시지를 가지고 다니엘에게 이를 수 있도록 도와주러 왔어야만 했었습니다!

이 바사 군주는 바로 영적 존재였습니다. 무엇보다도 이 구절을 통해 우리는 두 왕국의 존재를 알 수 있습니다. 땅 위에

는 인간이 다스리는 눈에 보이는 왕국이 있지만 땅의 왕국(혹은 나라) 배경에는 마귀적인 통치자가 다스리는 보이지 않는 왕국이 존재하고 있습니다.

이것은 예수님께서 유혹 받으시던 것에 대하여 이해를 도와주고 있습니다.

> 눅 4:5-6
> 마귀가 또 예수를 이끌고 올라가서 순식간에 천하 만국을 보이며 이르되 이 모든 권위와 그 영광을 내가 네게 주리라 이것은 내게 넘겨 준 것이므로 내가 원하는 자에게 주노라

여기서 말하고 있는 권위(power)란 무엇입니까? 바로 이 세상 나라들의 권위를 말하고 있습니다. 마귀는 아무런 능력이나 권세를 가지고 있지 않다고 주장하는 사람들도 있습니다. 그렇다면 예수님께서 그 사실을 모르시고 마귀에게 그렇게 말씀하셨겠습니까?

성경은 이것이 유혹이었다고 말하고 있습니다. 만일 마귀에게 이런 능력과 권세가 없었다면 이것은 유혹이 될 수 없었을 것입니다. 즉, 하나님의 아들께서 사기와 거짓말의 동조자가 되었을 것입니다. 그러나 이것은 사실상 유혹이었습니다. 그렇다면 사탄은 도대체 어디서 그 권세를 얻었을까요? 하나님께서 사탄에게 그 권세를 주셨겠습니까?

하나님께서는 세상과 그 안의 모든 것을 창조하셨습니다. 그리고 하나님의 사람 아담을 만드셨습니다. 이것이 바로 목

회자들을 포함해서 많은 사람들이 깨닫지 못하는 부분입니다.

하나님께서 말씀하셨습니다. "아담아, 내가 너에게 내 손으로 만든 모든 것들은 다스리게 하겠다(I give you dominion over all the works of my hands)." "주의 손으로 만드신 것을 다스리게 하시고 만물을 그 발 아래 두셨으니"(시 8:6)라고 하셨습니다.

어떤 의미에서는 하나님께서 "아담아, 너는 이 세상에서는 하나님이다. 네 마음대로 해라"고 말씀하신 것입니다. 하나님께서는 아담에게 온 세상을 주셨습니다. 그러나 신약성경은 사탄을 이 세상 신이라고 부르고 있습니다.

고후 4:4
그 중에 이 세상의 신이 믿지 아니하는 자들의 마음을 혼미하게 하여 그리스도의 영광의 복음의 광채가 비치지 못하게 함이니 그리스도는 하나님의 형상이니라

그러면 사탄이 언제 이 세상 신이 되었습니까? 아담이 죄를 지었을 때입니다. 아담이 반역죄를 범하고 사탄에게로 달아나 버렸을 때입니다. 사탄이 예수님께 하는 말을 들어보십시오: " … 이 모든 권위와 영광을 내가 네게 주리라 이것은 내게 넘겨 준 것이므로 내가 원하는 자에게 주노라"

눅 4:6
이르되 이 모든 권위와 그 영광을 내가 네게 주리라 이것은 내게 넘겨 준 것이므로 내가 원하는 자에게 주노라

누가 사탄에게 넘겨 주었습니까? 하나님이 하신 것이 아닙니다. 아담이 넘겨주었습니다.

어둠의 지배자들

천사가 다니엘에게 이렇게 말했습니다. "너의 기도는 첫 날 응답을 받았다."

> 단 10:12
> 그가 내게 이르되 다니엘아 두려워하지 말라 네가 깨달으려 하여 네 하나님 앞에 스스로 겸비하게 하기로 결심하던 첫날부터 네 말이 응답 받았으므로 내가 네 말로 말미암아 왔느니라

하나님께서는 우리가 기도하면 첫 날 들으십니다. 그러나 때때로 우리는 응답이 올 때까지 믿음으로 흔들리지 않고 서 있어야 합니다. 우리 기도의 응답을 방해하는 것은 하나님이 아닙니다. 하나님께서는 우리가 기도하는 그 순간에 응답하십니다. 그러나 이 응답을 가로막으려는 하늘의 군대가 있다는 것입니다. 우리는 우리에게 보이는 상황에 대항하여 씨름하고 싸우기도 합니다만, 그 배후에는 눈에 보이지 않는 힘이 있다는 영적 사실을 이해해야만 기도 생활에서 성공할 수 있습니다.

요한 1서 5장 19절은 "… 온 세상은 악한 자 안에 처한 것이며"라고 선언하고 있습니다.

확대 번역에는 "우리 주위의 온 세상은 악한 자의 능력 아래 있다"고 번역되었습니다.

만일 온 세상이 악한 자 안에, 어둠 안에 처해 있다면 마귀가 이 세상을 다스리고 있는 것입니다. 마귀는 구원받지 못한 모든 사람을 지배하고 있는 것입니다. 마귀가 지금 다스리고 있습니다!

그렇지만 마귀가 우리도 지배하고 있는 것은 아닙니다. 왜냐하면 성경은 우리가 비록 세상에 살고 있기는 하지만 세상에 속해 있는 것은 아니라고 말씀하고 있기 때문입니다.

요 17:16
내가 세상에 속하지 아니함 같이 그들도 세상에 속하지 아니하였 사옵나이다

믿는 사람들은 어둠의 자녀가 아니라 빛의 자녀입니다. 성령님은 신사적이시므로 당신이 그 분께 넘겨준 영역 이상을 침범하지는 않으십니다. 성령님께서는 당신을 지배하거나 강요하시지 않으십니다.

반면에 귀신들은 힘을 사용합니다. 우리는 성경에서 귀신들이 사람을 강요하고 조종하는 것을 읽을 수 있습니다. 여기에서 우리는 주의를 기울여야 할 필요가 있습니다. 사람을 조종하거나(drive), 강요하거나(force), 지배하려고(dominate)하는 사람은 마귀의 영에 고무된 사람입니다.

우리는 이런 사람들을 종교인들 가운데서 볼 수 있습니다.

골로새서 1장 12-13절은 우리가 어둠에서 해방되었음을 보여주고 있습니다.

> 골 1:13
> 그가 우리를 흑암의 권세에서 건져 내사 그의 사랑의 아들의 나라로 옮기셨으니

확대 번역에는 "(아버지께서) 어둠의 영역과 통치로부터 우리를 구원하셔서 하나님께로 이끄셨으니 그의 사랑의 아들의 왕국으로 우리를 옮기셨다"로 되어 있습니다.

보십시오. 아버지께서는 어둠의 주관자들 즉, 사탄의 왕국에 있는 마귀, 귀신들, 악령들과 어둠의 통제 아래에서 우리를 끌어내셨습니다.

에베소서 6장 12절은 사탄이 역사하고 있는 영역을 가르쳐 주고 있습니다. "통치자들과 권세자들과 이 어둠의 세상 주관자들과 하늘에 있는 악의 영들을 상대함이라"고 말하고 있습니다.

성경은 세 하늘을 말하고 있습니다. 사도 바울이 고린도후서 12장 2절에서 "내가 그리스도 안에 있는 한 사람을 아노니 십 사 년 전에 그가 셋째 하늘에 이끌려 간 자라"고 말할 때 그것은 그 자신에 관해 말하고 있는 것이라는 것은 성경학자들도 모두 인정하고 있는 내용입니다.

이 세 하늘 중에 첫 번째 하늘은 바로 우리 위에 있는 소위 대기권이라 불리우는 하늘입니다. 그 너머 공간에 있는 별들

승리하는 기도 159

즉, 천체 하늘이 있습니다. 그 너머에 셋째 하늘, 하늘들의 하늘, 즉 하나님의 보좌가 있는 곳이 있습니다. 우리 머리 위의 대기권 하늘에는 악령들이 있습니다.

우리는 이 사실을 에스겔 28장에서도 볼 수 있습니다. 10절은 "주의 말씀" 즉, 교만하여 잔뜩 높아져 있던 두로 왕에게 에스겔을 통해 주어진 예언적 메시지입니다.

하나님께서는 두로 왕에게 선지자 에스겔을 통하여 " … 너는 사람이요 … "라고 말씀하셨습니다. 그러므로 두로 왕은 사람이었습니다. 천사는 사람이 아니고 악령도 사람이 아닙니다.

같은 장의 11-19절에는 또 다른 예언의 말씀이 에스겔을 통하여 주어졌는데 이것은 두로의 군주(the prince of Tyrus)가 될 수 없는 두로의 왕(the King of Tyrus)에게 하신 말씀입니다. 두로의 왕은 그러므로 이 왕국의 배후에 있는 존재 즉, 영적 능력, 어둠의 능력임에 틀림없습니다.

겔 28:11-15
여호와의 말씀이 또 내게 임하여 이르시되 인자야 두로 왕을 위하여 슬픈 노래를 지어 그에게 이르기를 주 여호와의 말씀에 너는 완전한 도장이었고 지혜가 충족하며 온전히 아름다웠도다 네가 옛적에 하나님의 동산 에덴에 있어서 각종 보석 곧 홍보석과 황보석과 금강석과 황옥과 홍마노와 창옥과 청보석과 남보석과 홍옥과 황금으로 단장하였음이여 네가 지음을 받던 날에 너를 위하여 소고와 비파가 준비되었도다 너는 기름 부음을 받고 지키는 그룹임이여 내가 너를 세우매 네가 하나님의 성산에 있어서 불타는 돌들 사이에 왕래하였도다 네가 지음을 받던 날로부터 네 모든 길에 완전하더니 마침내 네게서 불의가 드러났도다

하나님께서 "네가 옛적에 하나님의 동산 에덴에 있어 … "라고 하신 것은 마귀 즉, 루시퍼에 관하여 말씀하시는 것입니다. 사람인 두로의 군주는 거기 있을 수가 없었습니다. 그는 태어나지도 않았을 때입니다. 여기서 "두로 왕"은 사람이 아니라 지음 받은 자입니다.

이 두 존재 즉, 사람인 두로의 군주와 영적 존재인 두로의 왕 루시퍼를 통해 성경은 땅 위의 자연적인 왕국이, 똑 같은 이름을 가진 영적인 왕국에 의해 지배되고 있음을 보여 주고 있습니다.

이 땅의 모든 것 즉, 사탄이나 다른 존재들 모두가 이 보이지 않는 세계에 있는 영들에 의해 조종되고 다스려지고 영향을 받습니다.

우리 그리스도인들도 하나님의 영에 의해 영향을 받고 인도 받습니다.

로마서 8장 14절은 "무릇 하나님의 영으로 인도함을 받는 사람은 곧 하나님의 아들이라"고 말하고 있습니다.

만일 사람들이 이 영적 세계가 존재하고 있으며 바로 이 세계 안에 하나님이 계신다는 사실, 그리고 이 세계는 시작도 끝도 없다는 것을 이해할 수 있다면 믿음은 아주 자연스러운 것이 될 것입니다.

어떤 것이 실제로 나타나기 전에 이루어진 것으로 당신이 믿을 수 있는 이유는 영적 세계에서는 이미 이루어져 있기 때문입니다.

그래서 예수님께서는 " ··· 무엇이든지 기도하고 구하는 것은 받은 줄로 믿으라 그리하면 너희에게 그대로 되리라"(막 11:24)고 말씀하셨습니다. 에베소서 6장으로 돌아가 봅시다.

엡 6:10-18
끝으로 너희가 주 안에서와 그 힘의 능력으로 강건하여지고 마귀의 간계를 능히 대적하기 위하여 하나님의 전신 갑주를 입으라 우리의 씨름은 혈과 육을 상대하는 것이 아니요 통치자들과 권세들과 이 어둠의 세상 주관자들과 하늘에 있는 악의 영들을 상대함이라 그러므로 하나님의 전신 갑주를 취하라 이는 악한 날에 너희가 능히 대적하고 모든 일을 행한 후에 서기 위함이라 그런즉 서서 진리로 너희 허리 띠를 띠고 의의 호심경을 붙이고 평안의 복음이 준비한 것으로 신을 신고 모든 것 위에 믿음의 방패를 가지고 이로써 능히 악한 자의 모든 불화살을 소멸하고 구원의 투구와 성령의 검 곧 하나님의 말씀을 가지라 모든 기도와 간구를 하되 항상 성령 안에서 기도하고 이를 위하여 깨어 구하기를 항상 힘쓰며 여러 성도를 위하여 구하라

우리는 대개 17절까지 읽고는 그만둡니다. 그렇게 되면 이 구절이 전체 문맥과 연결되지 않습니다. 이 구절들에는 우리가 이제까지 알고 있던 것보다 더 많은 진리가 포함되어 있습니다.

하나님의 전신갑주를 입는 목적은 우리가 기도하는 삶을 살기 위해서입니다. 하나님의 전신갑주를 입고도 기도하지 않는 것은 실제로 아무 소용도 없는 것입니다. 기도하려고 하는 그리스도인들은 이 사실 즉, 우리가 모든 어둠의 권능을 대항할 예수 이름의 권세를 소유하고 있다는 것을 결코 잊어서는 안 됩니다!

내가 정말로 기도하는 법을 배우고 나서 오랫동안 나 자신이나 자신의 필요에 관하여 기도하여 응답을 받지 못한 적이 한 번도 없습니다.

왜 그럴까요? 왜냐하면 나는 기도하는 방법을 알고 있기 때문입니다. 무엇이 내 것인지를 알고 있습니다. 마귀에 대하여 어떻게 권세를 사용하는지를 알고 있습니다. 나는 마귀에게 어떻게 말해야 하는지 즉, "지금 당장 너의 활동을 그만 두라!"고 말할 줄을 압니다.

성경은 우리를 하늘 나라 시민들이라고 일컫고 있습니다. 나는 권리를 어떻게 요구해야 하는지를 알고 있습니다. 그러나 내가 다른 사람의 권리를 그를 대신해서 항상 요구해 줄 수 있는 것은 아닙니다.

미국 시민으로서 나는 투표할 권리를 행사할 수 있지만 당신의 투표권을 대신 행사할 수는 없습니다. 당신의 투표권은 당신 자신이 행사해야만 합니다.

많은 경우에 사람들은 자신을 위해 기도할 사람들을 구하려고 분주히 돌아 다닙니다. 이렇게 한다고 항상 일이 되는 것은 아닙니다. 왜냐하면 그들이 권세를 가지고 있는 것이 아니기 때문입니다.

이래서 기도가 필요합니다. 우리는 자기들의 권리를 모르고 있는 사람들을 위해 기도해야 합니다. 그들은 정직하고 진지하며 구원받은 지도 오래되고 성령 충만을 받았을지도 모릅니다만 영적인 것들은 그들에게 아직도 감추어져 있습니다.

다른 사람을 위해 기도할 때 우리는 그들이 악령들에게 굴복 당해 있을지도 모르기 때문에 기도하면서 인내하고 버티는 데 더 많은 시간을 써야 합니다.

때때로 그리스도인들도 악령들에게 자신을 내어주므로 스스로를 지배하도록 허락하는 경우가 있습니다. 나는 친척을 위해 기도할 때 하나님 말씀 위에 담대히 서서 승리할 때까지 인내해야 했었습니다. 나의 친척들을 위해 기도할 때는 아무도 몰래 비밀스럽게 기도합니다.

(사실 이것이 바로 우리가 가진 문제입니다. 우리는 배후에 있는 그 능력과 싸워야 할 때에도 사람만을 직접 상대하려고 합니다.)

나는 단순히 "내가 누구 누구에게 역사하는 마귀의 능력을 부수노라"고 말했습니다.

에베소서 6장 18은 "모든 성도를 위하여" 간구하는 것(supplication)에 대해 말하고 있습니다(보십시오. 성도들이 자신을 위해 어떻게 기도를 해야 할지 항상 알고 있는 것은 아닙니다).

다른 사람을 변호하는 기도

나는 우리가 기도에 있어서는 아직 한 번도 사용하지 않았던 능력과 권세를 소유하고 있다는 것을 확신합니다. 우리들 중에 어떤 사람들은 그 한계에까지 이르렀습니다.

1947년, 유전 탐사 엔지니어였던 우리 교회의 주일학교 교장이 굴착기 꼭대기에서 떨어져 죽었다는 보고가 들어왔습니다.

현장에 나가 보니 그는 굴착기 근처의 땅 위에 뉘어져 있었습니다. 가까이 앰뷸런스가 대기하고 있었습니다. 사람들이 모두 그를 둘러서 있었습니다. 나는 개럿 박사 옆에 무릎을 꿇고 앉았습니다.

개럿 박사는 "나는 그가 처음엔 죽었다고 생각했는데 아직 살아 있습니다. 그렇지만 금방 죽을 것입니다. 우리는 그를 위해 이동할 수도 없습니다. 그를 움직이기만 해도 죽게 될 것입니다."

"해긴 목사님, 부인을 모시고 가서 남편의 죽음에 대한 준비를 시켜 주십시오"라고 말했습니다.

나는 부인의 팔을 잡고 한 쪽으로 갔습니다. 남편의 죽음을 맞을 준비를 시키는 것이 아니라 그녀와 함께 기도하려고 말입니다. 우리가 모인 무리로부터 멀어질 때 부인은 내게 이렇게 말했습니다.

"해긴 목사님, 개럿 박사는 그가 살 것이라고 생각하고 있지 않지요? 그렇죠?"

"맞습니다, 자매님! 그는 살 것을 기대하지 않습니다."

"목사님과 나는 내부 정보를(그녀는 성경 내부 정보를 의미했습니다) 가지고 있으니 얼마나 좋습니까?"

"그렇고 말구요. 하나님께 감사합시다. 우리가 기도하면 그가 살아날 것입니다."

담요에 싸인 채 땅 위에 누워서 그는 살아 있었습니다. 개럿 박사도 그 곁에 남아 있었습니다. 마침내 그는 위험을 무릅쓰고 환자를 병원으로 옮기기로 결정했습니다.

그도 우리가 그를 죽지 않도록 붙잡고 있다는 것을 느꼈던 것으로 생각합니다. 왜냐하면 그가 내게 이렇게 말했기 때문입니다.

"내가 장담하는데 그는 타일러까지 못 가서 죽을 것입니다만 앰뷸런스에 싣고 한번 가 봅시다. 해긴 목사님, 목사님도 함께 타고 가시지요."

간단히 요약해서 말하자면, 그는 죽지 않았습니다. 의사 세 사람이 그를 기다리고 있었습니다. 나는 병원에 도착하여 밤새 환자 곁에 앉아 있었습니다. 그의 부인은 밤낮으로 그의 곁을 떠나지 않았습니다.

셋째 날 8시쯤 의사 중의 한 분이 내게 "목사님, 솔직히 말씀드리면 삼일 째 그는 아직도 충격 상태에 있습니다. 우리는 그가 어느 정도 부상을 당했는지도 모르고 진찰을 하려고 그를 엑스레이실로 데리고 갈 수도 없습니다. 우리가 만일 그를 움직이기라도 한다면 그는 죽을 것입니다. 우리가 할 수 있는 것을 다해 봤습니다. 점점 가망이 없어져 가고 있고 우리가 할 수 있는 일이란 더 이상 없습니다."

나는 병실 뒤에 있는 그의 아내가 점점 지쳐가고 있는 것을 보았습니다.

(영은 기꺼이 원하지만 육체는 약한 것입니다. 당신이 육체적으로 지치면 당신의 영 즉, 속 사람이 당신을 지속적으로 다스리게 하기가 어렵습니다. 특히 눈 앞에 있는 환경을 바로 쳐다보고 있을 때는 더욱 그렇습니다.)

나는 그녀의 믿음도 약해지고 있음을 알 수 있었습니다. 나는 그녀를 여기서 나가게 해야겠다고 생각했습니다. 그녀가 계속 그의 곁에 있으면 그가 죽게 된다는 사실을 알았습니다.

(많은 사람들이 죽는 이유는 그들이 친척과 함께 있었기 때문입니다! 나는 예수님께서 병든 자를 고치시려 할 때 왜 가끔 사람들을 밖으로 내보내셨는지를 알아냈습니다.)

나는 그녀에게 거짓말을 한 것은 아니지만 의사가 내게 말한 것을 말하지 않았습니다. 다만 나는 "이제 그만 가서 쉬십시오. 무슨 변화가 있든지 하면 내가 부인을 부르겠습니다. 그렇지만 그는 괜찮을 것입니다"라고 말했습니다.

나는 그 날 밤 영적인 씨름을 했습니다. 다시 말하면 나는 하나님의 약속의 말씀을 담대히 붙잡아야 했습니다. 내가 정신을 바짝 차리고 깨어 있으면 그는 괜찮았습니다. 나는 사흘째 잠을 자지 못하고 앉아 있었습니다. 내가 의자에 앉아 잠깐이라도 졸면 그는 죽어가기 시작했습니다.

특근을 하고 있는 간호원이 산소 텐트 아래 있는 그를 점검하려고 침대 근처에 올 때마다 나를 깨워 주었습니다. 내가 처음 그를 쳐다보았을 때 나는 이렇게 생각했습니다. '죽었구나! 내가 잠들어 버리는 바람에 내 손에서 바로 그를 죽게 내버려 두다니!' 흥분한 어조로 나는 간호원에게 물었습니다. "죽었습니까?"

"아니요."

그 때가 밤 2시였습니다. 나는 홀로 나와서 조용히 기도했습니다. 나는 그의 경우를 따졌습니다. 하나님께서 이렇게 말씀하신 것을 여러분도 알고 계실 겁니다.

> 사 43:25-26
> 나 곧 나는 나를 위하여 네 허물을 도말하는 자니 네 죄를 기억하지 아니하리라 너는 나에게 기억이 나게 하라 우리가 함께 변론하자 너는 말하여 네가 의로움을 나타내라

"너는 나에게 기억나게 하라." 하나님께서는 우리에게 하나님께서 말씀하신 것을 기억나도록 하게 하라고 하셨습니다. 이 말은 기도를 말하고 있는 것입니다. "너는 말하여(declare thou)" "네 이유를 밝혀라(set forth you case)"라고 초청하십니다. 그래서 나는 병원 복도에서 속삭이는 목소리로 "주님, 나는 그가 죽도록 그냥 내버려두지 않을 것입니다"라고 말했습니다. 그리고는 하나님 앞에서 나의 경우를 펼쳐 보았습니다.

"첫 번째로 그는 주일학교 교장입니다. 그가 세상에서 최고가는 교장은 아닐지 모르지만 내가 그동안 만났던 교장 중에는 최고입니다. 그는 나를 돕고 있습니다. 그는 결석한 사람을 꼭 방문하는 사람입니다. 그는 한 주간 내내 이 일을 하는 사람입니다. 그 외에도 여러모로 도와주는 그런 사람입니다. 둘째로 그는 자기 수입의 30%를 교회에 드리는 사람입니다. 셋째로 그는 하나님이나 사람에게 영향력을 끼치는 사람입니다. 시내의 사업가들과 얘기해 봤는데 그들도 그를 신뢰하고 존경하고 있었습니다. 나도 그가 필요합니다. 나는 목자 아래 있는 목자입니다. 당신은 교회의 위대한 목자이십니다. 제게 필요하다면 당신께도 필요합니다. 넷째로 성경도 분명히 죽음은 적이라고 말씀하고 있습니다. 죽음은 하나님께로부터 온 것이 아닙니다. 죽음은 마귀에서 온 것입니다. 마귀가 마침내 제거되는 때에 죽음도 인간을 더 손대지 못할 것입니다. 그러므로 나는 죽음을 꾸짖고 그를 떠나라고 명령합니다. 나는 그가 죽도록 내버려두지 않을 것입니다!"

나는 그의 병실로 돌아가서 앉아서는 다시 졸기 시작했습니다. 그는 죽어가기 시작했습니다. 나는 일어나서 다시 그의 경우를 변론했습니다.

실제로 나는 네 번이나 변론을 했습니다. 네 번 하고 나니 새벽 4시였습니다. 8시에 의사가 산소 텐트를 걷고는 그의 가슴에 귀를 대고 듣기 시작했습니다. 조금 있다가 그는 나를 돌아 보며 이렇게 소리 질렀습니다.

"그가 지금 깨어나고 있습니다! 혼수 상태에서 빠져 나오고 있습니다! 지금 곧 깨어날지도 모르니 빨리 들 것을 가져오십시오! 우리는 엑스레이를 찍도록 할 것입니다."

그들이 엑스레이 촬영을 마치고 와서는 이렇게 말했습니다.

"그는 반반의 확률을 가지고 있습니다."

나는 그냥 거기 서 있었으나 내 속에서는 펄펄 뛰고 있었습니다.

50대 50의 찬스라니!

"의사 선생님, 무슨 말씀을 하시고 있는 겁니까? 그는 100% 살아날 찬스를 가지고 있고 그는 살아났습니다!"

내가 그를 위해 어떻게 기도했었는지 나는 지금까지 나의 아내에게나 아무에게도 말한 적이 없었습니다. 그러나 그가 살아나서 교회에 처음 나온 날 그는 간증을 하였습니다. 먼저 그는 모든 사람들에게 기도해 주어서 고맙다고 했습니다. 그리고는 이렇게 말했습니다.

"누구든지 죽은 사람에 대해 절대로 슬퍼할 필요가 없습니다. 내가 마지막으로 기억하는 것은 떨어졌던 것이었습니다. 나는 내가 떨어져서 기계 위에 부딪힌 것도 기억이 나지 않습니다. 내가 의식이 들어 깨어 보니 병원이었습니다. 깨어난 후에도 나는 어떤 고통이나 다친 곳도 없었습니다. 그렇지만 내가 의식을 잃고 있는 동안 나는 죽었었음에 틀림없습니다. 나는 하늘 나라에 올라 갔습니다. 나는 천사들의 합창을 들었습니다. 여러분은 평생 그런 노래를 들어보지 못했을 것입니다. 나는 예수님을 만났습니다" 예수님께서 내게 다가오셨습니다. 내가 예수님 앞에 엎드려서 내가 얼마나 예수님을 사랑했는지 막 말하려고 하는데 예수님께서 내게 이렇게 말씀하셨습니다.

'너는 돌아가야만 한다.'

'저는 돌아가기를 원하지 않습니다' 라고 했습니다.

예수님은 '너는 땅으로 돌아가야만 할 것이다' 라고 말씀하셨습니다.

저는 '돌아가고 싶지 않습니다' 라고 말했습니다.

세 번째로 예수님은 '너는 돌아가야만 한다. 네가 이 곳에 오는 것을 해긴 형제가 허락하지 않을 것이다' 라고 말씀하셨습니다.

그리고 나서 예수님은 돌아서시더니 한 커튼을 걷어 보이셨습니다.

그 때 나는 해긴 형제가 '주님, 나는 그가 죽도록 놓아두지 않을 것입니다' 라고 말하는 것을 들었습니다.

예수님께서 '보아라. 그가 너를 오도록 하지 않을 것이다' 라고 말씀하셨습니다.

그 다음에 내가 알고 있는 것은 병원에서 깨어난 것입니다."

그가 말을 마쳤습니다. 나는 그에게 그렇게 기도했다고 말하지 않았습니다. 그런데 그가 어떻게 알았을까요? 주님께서는 그가 나의 기도를 들을 수 있도록 해주셨고 그가 천국에 머무를 수 없는 이유가 바로 이것임을 그에게 말씀해 주셨습니다!

이 일은 나로 하여금 우리가 한 번도 사용해 본 적이 없는 어떤 권세, 즉 우리 일을 변론할 수 있는 권세를 가지고 있지 않을까 하는 생각이 들게 해 주었습니다. 우리는 예수 이름으로 우리의 언약 가운데 우리의 위치를 차지하고 기도하였습니다.

이 주제에 관하여 성경을 살펴보지도 않고 우리는 이렇게 생각했습니다. '주님께서 우리에게 정말 멋진 경험을 하게 해 주셨어. 이와 같은 것을 두 번 다시는 체험하지 못할 거야.' 이런 생각이 우리를 실패하게 합니다.

3년 후 나의 장인께서 병원에서 죽어 가고 있을 때, 나는 주일학교 교장의 경험에 관해 생각하게 되었습니다. 내가 그의 곁에 있을 때 그는 의식이 없었습니다.

"주님, 나는 이 죽음을 꾸짖고 죽음이 그를 떠나도록 명령합니다. 나는 예수 이름으로 그를 살도록 명령할 것을 믿습니다."

하나님께서는 이사야 43장 26절에서 "함께 변론하자"고 말씀하셨습니다. 내 속에서 주님은 분명한 음성으로 내게 성령으로 말씀하셨습니다.

"아니다. 그러지 마라. 절대로 그렇게 하지 마라."

이 말씀은 내가 그럴 권세를 가지고 있음을 의미했습니다.

"그냥 그를 내버려두어 죽도록 해라."

주님이 말씀하셨습니다. 그리고 주님은 그의 경우를 변론하셨습니다.

"첫째, 그는 70세나 되었다. 내가 네게 약속한 것은 70이나 80이다."(이것은 최소한의 나이를 말합니다. 당신에게 믿음이 있다면 더 요구하십시오. 어떤 적은 나이에도 만족하지 마십시오.)

"둘째, 그는 떠날 준비가 되어 있다. 영적으로나 재정적으로나 그는 모든 것이 준비되었다. 그가 항상 이렇게 준비가 되어 있었다는 것은 아니다. 그의 재정은 제대로 되어 있고 그의 모든 사업도 잘 정리되어 있다. 그는 지금보다 더 죽기 좋은 때를 갖지 못할 것이다. 그러니 너는 그를 그냥 두어 죽도록 해라."

"됐습니다. 주님. 그러나 오직 한 가지 조건하에서만 그러겠습니다. 그를 죽음에서 끌어내 주십시오. 그가 다시 살아나서 좋은 간증을 하도록 해 주십시오. 그러면 모두가 그가 어디 갔다 왔는지 알 것입니다. 그리고는 제가 그를 놓아 드리지요"라고 말했습니다. 그가 눈을 뜰 때까지 나는 이 말들을 입 밖에 내지 못했었습니다.

"케네스! 나는 죽네." 그가 말했습니다.

"저도 알고 있습니다."

"이젠 빨리 죽을수록 더 좋다네."

"그것도 알고 있습니다."

"자네가 저 아이들을 이리로 오게 해서 내가 떠나기 전에 볼 수 있게 해 주지 않겠나?"

"물론이죠, 그렇게 하지요."

우리 아이들이 그의 유일한 손자 손녀였습니다. 나는 텍사스 가랜드에 있는 우리 목사님께 전화를 걸어서 셔먼에 있는 병원으로 아이들을 데리고 와 달라고 부탁했습니다.

그러는 동안에 나는 이 천주교 병원의 선임 교수에게 말해서 어린 아이들을 병실 안으로 들여보낼 수 있게 해 달라고 했습니다. 그녀는 "어떤 병원 규칙도 무시하십시오. 저 사람은 이틀 전에 죽었던 사람입니다. 그가 어떻게 살아났는지 우리는 이해할 수가 없군요. 원하는 사람은 누구나 데려 오십시오. 그가 다시 살아났다는 것은 바로 기적이니까요"라고 말했습니다.

그리하여 어린 손자 손녀를 포함해서 그의 모든 가족이 그의 침대 주위에 모였습니다.

당신이 그 광경을 보셨다면 당신은 그가 마치 다음날 휴가라도 가는 줄로 생각했을 것입니다.

그는 눈물 한 방울 흘리지 않았습니다. 간호원들이 침대를 돌려 머리 부분을 세워 주었고 그는 앉은 자세로 웃으면서 말했습니다.

그 다음날 그는 무의식으로 빠져 들어가 죽어가기 시작했습니다. 나는 죽음이 그에게 마지막 줄을 당기는 순간까지 그의 침대 발치에 서 있었습니다. 갑자기 그의 눈이 번쩍 열렸습니다. 그는 나를 보고 이렇게 말했습니다.

"케네스, 나는 죽네."

"저도 알고 있습니다. 그렇지만 죽는 것이 두렵지는 않지요?"

"그럼, 난 두렵지 않네."

"베개를 뒤로 하고 기대십시오. 이렇게."

그는 눕더니 미소를 짓고 힘을 풀더니 한 줄기 빛이 그의 얼굴을 스치고 지나갔고 그리고 떠났습니다. 하나님을 찬양합니다(당신이 사는데도 믿음이 필요하지만 죽는데도 역시 믿음이 필요합니다)!

어떤 경우에는 기도하고 응답 받는 것만이 항상 가장 지혜롭고 최선의 것이 아닐 수가 있습니다. 우리가 권세를 가지고 있기 때문에 우리는 지혜를 사용할 필요가 있습니다.

나는 경험과 말씀을 통해서 배웠습니다. 말씀에 따르면 많은 경우에 우리가 무엇을 말하면 하나님께서 실행하십니다. 왜냐하면 이 곳에서는 우리가 권세를 가지고 있기 때문입니다.

우리가 하나님의 말씀의 빛에 비추어 행하고 기도하기만 하면 우리의 사랑하는 사람들의 삶과 우리 주위의 환경을 바꿀 수 있으므로 나는 만족합니다.

우리는 다니엘의 삶을 통해 알 수 있습니다. 그는 하나님의 말씀 위에 굳게 서서 기도로 승리하므로 한 나라의 운명이 바뀌어지게 하였습니다.

우리는 또한 하나님의 말씀을 사용하여 다른 사람의 경우를 어떻게 변론하는지 예를 통해 알아 보았습니다.

한번 짧게 드리는 기도로 모든 필요가 충족되는 것은 아닙니다. 때로는 응답이 올 때까지 포기하지 않고 담대하게 하나님의 말씀 위에 서서 기도하며 끝까지 버티는 것이 필요합니다.

제 24 장
나라를 위한 기도

그러므로 내가 첫째로 권하노니 모든 사람을 위하여 간구와 기도와 도고와 감사를 하되 임금들과 높은 지위에 있는 모든 사람을 위하여 하라 이는 우리가 모든 경건과 단정함으로 고요하고 평안한 생활을 하려 함이라 이것이 우리 구주 하나님 앞에 선하고 받으실 만한 것이니 하나님은 모든 사람이 구원을 받으며 진리를 아는 데에 이르기를 원하시느니라(딤전 2:1-4)

1979년 캠프에서 마지막 집회가 끝난 후 몇몇 강사들과 동료들이 케네스 해긴 주니어의 호텔 방으로 올라갔습니다.

우리가 하나님의 일에 대해 이야기를 나누고 있을 때, 하나님의 영이 내게서 움직이기 시작했습니다(사실 내 평생에 오직 세 번만 성령님께서 이렇게 강하게 내게서 움직이셨습니다).

나는 다른 사람들에게 "기도합시다. 하나님의 영께서 계속 내 안에서 역사하고 계십니다"라고 말했습니다.

우리는 기도했습니다. 나는 성령으로 그 곳에 있는 각 사람을 섬겼습니다(I ministered to each one present by the Spirit). 그리고는 기도의 영에 사로잡혀 버렸습니다. 의식이 없었던 것은 아니지만 나는 영적인 것을 더 의식하고 있었습니다.

영적인 것은 자연적인 것보다 더 실감납니다.

나중에 안 일이지만 나는 몇 시간 동안을 방언으로 기도했습니다(우리가 기도하기 시작한 때는 자정을 막 넘긴 때였습니다. 기도를 마치고 눈을 떠보니 새벽 4시가 넘어 있었습니다. 그런데도 10~15분쯤 지난 것 같이 느껴졌습니다).

주님께서 제게 말씀하셨습니다. 무엇보다도 주님은 제게 레마 성경 훈련소 캠퍼스에서 평일에 열리고 있는 기도 학교와 치유 학교에 관해 지시해 주셨습니다.

나는 무엇인가를 보았습니다. 나는 대서양으로부터 세 개의 물체가 나오는 것을 보았습니다. 그것들은 고래만큼 큰 거대한 검은 개구리같이 보였습니다. 하나는 공중에 있었습니다. 다른 둘은 동쪽으로부터 물 밖으로 머리만 조금 내민 상태였습니다.

나는 9년 전에도 이와 비슷한 것을 보았었습니다. 예수님께서 제게 말씀하셨습니다.

"너는 1970년에도 똑같은 것을 보았다. 그 때 내가 네게 그것들이 정확히 무엇인지 말했지만 너는 그에 대해 네가 해야 할 것을 하지 않았다. 1970년, 그 당시 나는 너에게 이 나라의 지도자들을 위해 기도하라고 말했다. 그 당시 일어났던 일은(워터게이트 사건과 그 외의 일들) 대통령의 잘못만은 아니었다. 나는 이 나라에 대한 책임을 그리스도인들에게 추궁하려고 한다. 너희들이 네 나라에 이런 일이 일어나도록 허락한 것이다. 너희들이 기도했더라면 그 일은 일어나지도 않았을 것이다. 나는 네게 일어날 일을 보여주었다. 돌아보고 점검해봐라 … "

(후에 나는 1970년 10월에 있었던 특별 집회의 원고와 테이프를 점검해 보았습니다.)

예수님은 제게 이렇게 말씀하셨습니다.

"1970년 그 때 너는 세 개의 검은 물체가 대서양으로부터 나와 이 땅을 가로질러 개구리처럼 뛰어가는 것을 보았다. 너와 그리스도인들이 해야 할 것을 했었더라면 그런 일들이 너희 나라에 일어나지 않았을 것이다. 폭동도 경험하지 않았을 것이며 정치적 혼란도 없었을 것이다. 대통령도 그런 실수를 하지 않았을 것이다. 사실 나는 그의 실수에 대한 책임을 교회에 묻고 있는 것이다."

"오, 하나님!" 하고 나는 울면서 부르짖었습니다.

"그렇다. 나는 너와 교회에 그 책임을 묻는다. 네가 이것을 다른 그리스도인들에게 말하면 그들은 비웃을 것이다. 그러나 그들이 나의 심판대 앞에 설 때는 대통령이었던 그 사람보다 그들이 정죄를 받을 것이며 그 때 그들은 웃지 않게 될 것이다."

"만일 그리스도인들이 내가 성경에서 하라고 한대로 했었더라면 즉, 만일 그들의 나라의 지도자들을 위해 기도했었더라면 그들은 악령들이 활동하지 못하도록 했을 것이다."

"똑같지는 않지만 비슷한 일들이 다시 일어나려 하고 있다. 너희가 기도하지 않으면 이 일들은 일어날 것이다. 이 나라에 대한 책임을 대통령에게 묻지 않고 이 나라의 그리스도인들에게 물을 것이다." 주님께서 계속해서 이렇게 말씀하셨습니다.

자, 이제 내가 설명을 좀 하겠습니다. 여러분들은 이런 것들을 어떻게 해석하는지를 알아야 합니다. 나는 대서양으로부터 세 생물이 나와 올라오는 것을 보았습니다. 그러나 이 장면대로 그들이 바다로부터 나온다는 말은 아닙니다. 창세기로부터 계시록에 이르기까지 "바다"와 "물"은 많은 사람들을 일컬어 왔습니다. 많은 사람들로부터 이런 것들이 일어날 것입니다. 죄인들은 마귀에 의해 지배당하고 있습니다. 그들은 마귀의 왕국에 있습니다.

예수님께서는 "그리스도인들이 기도하지 않으면 폭동과 소요, 무질서가 이 나라를 휩쓸 것이다"라고 말씀하셨습니다.

"두 번째로, 일어나서는 안 될 일이 미국 대통령에게 일어나려고 하고 있다. 그러나 너희가 기도하면 일어나지 않을 것이다."

"세 번째로, 금융시장에 어려움이 다시 생기려고 하고 있다."

"그러나 너희가 이 세 가지를 다 멈추게 할 수 있다. 너희는 사회 체제 속의 소요를 멈추게 할 수 있으며, 정치계에서 마귀의 행동과 소요를 멈추게 할 수 있다. 너희는 나라의 재정 분야를 어지럽게 하려는 마귀를 멈추게 할 수 있다."

"너희는 중보 기도를 통해서 이 세 가지 모두를 바꿀 수 있다. 이것이 네가 가을에 시작하려고 하는 기도 학교, 치유 학교의 주된 목적 중의 하나이다."

하나님께서는 우리가 중요한 것을 먼저 하도록 구체적인 지침을 주셨습니다. 그러나 사람들은 내게 이렇게 말합니다. "그렇지만 민주당이 정권을 잡고 있는 한, 내가 장담하는데 그렇게 되지는 않을 겁니다." 다른 사람들은 "공화당이 잡고 있는 한은 …"라고 말합니다. 만일 당신도 정당이 먼저 마음에 떠오른다면 당신은 별로 좋은 그리스도인으로 살지는 못할 것입니다. 그리스도인은 우선 중요한 것에 우선권을 두어야 합니다. 말씀에는 "그러므로 내가 첫째로 권하노니 …"라고 되어 있습니다.

첫 번째로! 당신의 자녀들을 위해서나 나를 위해서나 당신을 위해서나 기도하기 전에 "첫째로 권하노니 모든 사람을 위하여 간구와 기도와 도고와 감사를 하되 임금들과 높은 지위에 있는 모든 사람들을 위하여 하라 …"(딤전 2:1-2)

여기서 "모든 사람"이 누구를 말하는지 알 수 있습니다. "임금들과 높은 지위에 있는 사람들"(2절)이라고 말하고 있습니다. 무엇보다도 먼저 우리의 지도자들, 즉 정부 기관의 권위 있는 자리에 있는 사람들과 주 정부나 지방 정부, 시 정부까지의 모든 사람들을 위해 기도해야 합니다. 계속 읽어보십시오.

" … 이는 우리가 모든 경건과 단정함으로 고요하고 평안한 생활을 하려 함이라(2절)."

여기서 "우리"는 그리스도인들로서 조용하고 평화로운 삶을 살기 원하는 것입니다. 하나님께서는 우리에게 관심이 있으십니다. 바울이 그들을 위하여 기도하라고 가르쳤던 모든 왕들은 거듭난 사람들이 아니었습니다.

하나님께서 구원받지 못한 지도자들도 축복하시겠습니까? 물론입니다. 하나님의 영은 우리가 가질 수 없는 것을 구하라고 우리에게 말씀하지 않으십니다. 그렇다면 바보스런 짓이지요. 왜 하나님께서 그들에게 복 주실까요? 한가지 이유 때문입니다.

"이것이 우리 구주 하나님 앞에 선하고 받으실 만한 것이니"(딤전 2:3) 우리가 누구보다도 우선하여 높은 지위에 있는 사람들을 위해 기도하는 것은 하나님 보시기에 선하고 받으실 만한 것이며, 조용하고 평화로운 삶을 사는 것이 하나님 보시기에 선하고 받으실 만한 것입니다.

"하나님은 모든 사람이 구원을 받으며 진리를 아는 데 이르기를 원하시느니라"(4절) 전쟁이나 반란, 또는 소요가 발발했을 때에는 복음을 전파하기가 어렵습니다. 그러나 평화시에는 자유롭게 다니며 복음을 전파할 수 있습니다.

예를 들면 마귀가 미국을 공격하기 원하는 것은 놀라운 일이 아닙니다. 세계를 돌아다녀 보면 선교 사업의 90%는 미국이 하고 있음을 알게 될 것입니다. 만일 마귀가 우리를 멈추게 할 수 있다면 마귀는 하나님의 축복의 흐름을 멈추게 할 수도 있는 것입니다.

그러나 하나님을 송축합니다. 마귀는 그렇게 할 수가 없습니다! 높은 지위에 있는 사람들을 위해 어떻게 우리에게 기도하라고 하셨습니까?

딤전 2:1
그러므로 내가 첫째로 권하노니 모든 사람을 위하여 간구와 기도와 도고와 감사를 하되 도시와 나라를 위해 성공적으로 기도했던 사람들의 예를 성 경에서 찾아볼 수 있습니다. 소돔과 고모라 두 도시를 위해 기 도했던 아브라함을 생각해 보십시오. 창세기 18장에 있는 그 이야기를 읽어보십시오. 주께서 말씀하셨습니다. "내가 하려 는 것을 아브라함에게 숨기겠느냐?"(17절)

하나님은 그의 피로 맺은 언약의 친구에게 알리지 않고 도 시를 멸망시키지는 않을 것입니다. 아브라함이 주님께 이렇게 말했을 때 그는 그의 피의 언약의 권리 위에 굳건히 서 있었던 것입니다.

> 창 18:23-25
> 아브라함이 가까이 나아가 이르되 주께서 의인을 악인과 함께 멸 하려 하시나이까 그 성 중에 의인 오십 명이 있을지라도 주께서 그 곳을 멸하시고 그 오십 의인을 위하여 용서하지 아니하시리이 까 주께서 이같이 하사 의인을 악인과 함께 죽이심은 부당하오며 의인과 악인을 같이 하심도 부당하니이다 세상을 심판하시는 이 가 정의를 행하실 것이 아니니이까

주님께서 말씀하셨습니다. "내가 만일 소돔 성읍 가운데에 서 의인 오십 명을 찾으면 그들을 위하여 온 지역을 용서하리 라"(26절) 디모데전서 2장 2절에서 말하고 있는 것을 기억하 십시오.

" … 우리가 고요하고 평안한 생활을 하려 함이라." 하나님 께서는 50명의 의인을 위해서도 온 도시를 멸하지 않을 것이 라고 말씀하셨습니다. 아브라함은 " … 거기서 십 명을 찾으시

면 어찌하려 하시나이까 … "(창 18:32)라고 주님께 말할 때까지 계속 그 수를 줄여 나갔습니다.

그 때 주님께서 대답하셨습니다. "내가 십 명으로 말미암아 멸하지 아니하리라."(32절)

소돔에 있었던 그 끔찍한 죄들을 고려하고서도 아직도 하나님께서는 열 사람을 위해 온 도시를 멸하지 않으시겠다고 말씀하셨습니다.

여러분은 우리 그리스도인들이 없었다면 이 세상은 이미 멸하여졌을 것이란 사실을 알고 계십니까? 예수님께서도 "너희는 세상의 소금이니 … "(마 5:13)라고 말씀하셨습니다.

냉장고가 등장하기 전의 일입니다. 내 할아버지께서는 돼지를 잡으셨습니다. 할아버지는 돼지고기를 소금에 쳐서 보관했습니다. 이 세상은 우리 그리스도인들이 없었다면 완전히 썩었을 만큼 충분히 악합니다.

하나님께서는 아브라함에게 의인 열 명을 위해서 도시들을 멸하지 않으시겠다고 말씀하셨습니다. 오늘날 미국에는 10명 이상의 의인이 있습니다. 어떤 사람들은 "우리는 곧 망할 것이다"라고 말합니다. 아닙니다. 우리는 망하지 않습니다. 이런 식으로 말하는 사람에게는 귀를 기울이지 마십시오.

나는 오늘날 미국에는 아브라함이 기도했듯이 그들의 기도 위치를 지키고 애쓰는 사람들이 있다는 것을 믿습니다. 아브라함은 앉아서 그들이 얼마나 악하며 어떻게 그들 모두가 지옥으로 가게 될 것인가를 말만 하고 있지 않았습니다. 그는 그들을 대신해서 중보했습니다.

만일 우리가 우리 자리를 굳건히 지킨다면 여러 일들을 변화시킬 수 있습니다. 우리는 더 나은 약속들에 근거를 둔 더 좋은 언약을 가지고 있습니다!

언젠가 나는 4살 된 아들을 둔 목사님 댁을 방문한 적이 있습니다. 그 네 살 난 아들이 어찌나 철없이 구는지 나 뿐만 아니라 똑같은 4살이었던 내 아들까지 곤란하게 만들었습니다.

그 집을 나와 차에 타자마자 내 아들이 말했습니다. "그 애는 정말 형편없어요, 그렇죠?"

그 아이는 그 아버지에게도 함부로 말을 했습니다. 아버지가 아이를 번쩍 들어 올려 조용히 시키려 하자, 그 아이는 아버지의 뺨을 철썩 때렸습니다. 그리고 이렇게 말하는 것이었습니다. "이 늙은 거짓말쟁이, 아빠가 말하는 것은 틀렸어. 아빠는 거짓말쟁이야."

순복음의 성령 충만함을 받은 목사님은 내게 이렇게 말했습니다. "아시다시피 말세에는 어린 아이들이 부모에게 불순종하게 될 것이라고 성경이 말하고 있습니다."

"그렇습니다. 성경은 또한 많은 사람들의 사랑이 식어갈 것이라고도 했지만 그 말 때문에 나의 사랑도 차갑게 식어야만 한다는 뜻은 아닙니다. 나의 아이들도 부모에게 불순종하게 될 것이라는 의미는 아닙니다"라고 내가 대답했습니다.

당신은 아무 일도 하지 않고 앉아서 "글쎄요, 성경은 악한 사람들과 사기꾼들이 점점 더 악해지고 속이고 속임을 당할 것이라고 말하고 있습니다. 모든 것이 내리막을 걷고 있으니까요. 사람들의 사랑도 차갑게 식어 갈 것입니다"라고 말할 수 있습니다.

만일 당신도 이런 사람이라면 당신은 차갑게 식어질 것입니다. 마귀가 당신과 당신의 모든 자녀들을 자기 마음대로 할 것입니다.

그렇지만 이런 식으로 생각하지 않아도 됩니다. 그리스도 안에서 당신이 누구인가를 깨달으십시오. 지옥의 문들도 교회를 대항하여 이길 수 없습니다! 사탄이 아니라 예수님이 교회의 머리이십니다. 예수님은 마귀보다 더 크신 분입니다. 예수님은 마귀를 이기고 살아나셨습니다. 그 분의 승리가 나의 승리입니다. 하나님의 말씀을 따라 생각하고 상황이 어떻든 관계 없이 우리가 그 상황에 대해 무엇인가를 할 수 있다는 것을 깨달으십시오."

겔 22:30-31
이 땅을 위하여 성을 쌓으며 성 무너진 데를 막아 서서 나로 하여금 멸하지 못하게 할 사람을 내가 그 가운데에서 찾다가 찾지 못하였으므로 내 분노를 그들 위에 쏟으며 내 진노의 불로 멸하여 그들 행위대로 그들 머리에 보응하였느니라 주 여호와의 말씀이니라

이 말씀은 하나님께서 말씀하시는 것입니다. 아브라함은 두 도시를 위해 중보했습니다. 여기서 하나님께서는 온 나라에 관하여 말씀하고 계십니다.

만일 하나님께서 중보의 자리에 서서 나라를 위해 중보하는 단 한 사람을 발견하실 수 있으셨다면 심판은 오지 않았을 것입니다. 어떤 이들은 이렇게 질문할지 모릅니다.

"만일 하나님께서 정말로 그 땅을 멸하기를 원하지 않으셨다면 왜 그렇게 하시지 않을까? 그 분은 하나님이 아니신가? 그것이 하나님의 뜻이라면 왜 그냥 뜻대로 행하시지 않으실까?"

디모데전서 2장 4절로 돌아가 보십시오. 거기 보면 하나님은 모든 사람이 진리를 아는데 이르기를 원하신다고 말하고 있습니다.

왜 하나님께서는 모든 사람이 거듭나도록 바로 행하시지 않으실까요? 만일 하나님께서 자기가 원하는 것은 아무 것이나 하실 수 있다면 왜 그것을 하시지 않을까요? 왜 하나님은 누군가가 중보할 때까지 기다리실까요?

이 문제에 관하여서는 1장 "왜 기도하는가?"에서 자세히 다루었습니다. 아담의 임대 계약의 효력이 다할 때까지 사탄은 이 세상의 신입니다. 그는 나의 하나님이 아닙니다. 나는 이 세상에 속해 있지 않기 때문입니다.

그러나 이 세상에서 일어나는 폭력, 즉 나라간의 전쟁, 살인 등은 사탄에게 책임이 있습니다. 하나님께서는 자기 자신의 말씀을 어기지 않으십니다. 하나님은 그 사용권(lease)을 아담에게 주셨습니다. 아담은 그것을 마귀에게 주어 버렸습니다. 그 임대차 기간이 다 끝나가고 있습니다. 그러나 그 때까지는 그리스도인들이 하나님의 얼굴을 뵙기 원하고 하나님께서 일하시도록 간청해야만 간섭하실 수 있습니다.

지구 위에서 일어나는 일에 대한 사탄의 권세는 그리스도인들이 자기 나라를 위해 기도함으로써 정복될 수 있습니다.

하나님께서는 오늘도 누군가 그 땅을 위하여 하나님 앞에서 덮개를 만들고 중간에 서 있을 사람을 간절히 찾고 계십니다. 기도는 당신이 알고 있는 언어로 할 수 있습니다. 기도는 또한 성령님께서 당신을 도와주시는 대로 다른 방언으로 할 수도 있습니다. 성령님께서 당신을 도와주실 수 있도록 간구하고 기도를 계속하십시오.

어떤 사람들은 당신이 가르치는 것을 모두 듣지 않고 그저 작은 것 하나를 붙잡고 도망가 버립니다. 어떤 것들은 단 한번의 믿음의 기도로 끝납니다. 믿음의 기도를 한 것은 더 이상 기도할 필요가 없습니다.

그 다음에는 기도 응답에 대해 하나님께 감사하기만 하면 됩니다. 구원이나, 성령 세례나, 치유와 같이 하나님께서 바로 지금 약속하신 것은 무엇이나 이런 믿음의 기도를 드릴 수 있습니다. 그러나 당신이 믿음의 기도를 할 수 없는 것들도 있습니다. 그런 것 중의 하나는 바로 나라를 위한 기도입니다. 당신은 이 나라의 지도자들을 위해 기도를 계속해야만 합니다.

제 25 장
지나친 극단(Excesses)

성경에서 특히 구약 시대에는 거룩한 직책을 위해 기름 부음을 받으므로 구별되고 성별 되었습니다. 기름은 성령님의 모형이었습니다. 성령님은 어떤 특별한 직분을 수행하도록 남자나 여자들에게 임하였습니다. 신약성경에서 하나님은 아직도 그의 사람들에게 기름을 부어주고 계십니다. 그리스도 몸에 있는 사람이 모두 다섯 가지의 사역 은사(the fivefold ministry gifts)를 위해 부르심을 받고 기름 부음을 받은 것은 아닙니다. 그러나 모든 그리스도인은 삶 가운데 왕과 제사장으로서 다스리고 누리도록 부르심을 받았고 기름 부음을 받았습니다.

> 계 1:6
> 그의 아버지 하나님을 위하여 우리를 나라와 제사장으로 삼으신 그에게 영광과 능력이 세세토록 있기를 원하노라 아멘

> 계 5:10
> 그들로 우리 하나님 앞에서 나라와 제사장들을 삼으셨으니 그들이 땅에서 왕 노릇 하리로다 하더라

여러분들은 제사장에 대해 생각할 때면 즉시 중재자(a go-between)를 떠올릴 것입니다. 제사장은 중재자입니다. 사람을 대신하여 하나님께 기도하는 사람이며 오늘날 그 자리에 우리가 있습니다. 우리는 하나님께 나아가는 데 방해받고 있는 사람들과 그들 스스로 하나님께 나아갈 수 있다는 것을 모르고 있는 사람들을 위해, 하나님의 임재 속으로 들어가야 합니다.

마귀는 무지 위에서 판을 친다는 것을 기억해야 합니다. 하나님의 말씀에 무지하므로 어떤 그리스도인들은 우리가 특별한 종류의 사람이다, 특별한 사역을 가졌다, 아무도 우리와 같을 수 없다, 우리는 특별한 부르심을 받았다고 생각하므로 영적 교만의 과오에 빠집니다. 이것이 바로 정확하게 마귀가 원하는 것입니다. 이것은 바로 마귀가 죄를 범한 방법과 똑같은 것입니다. 루시퍼는 교만으로 높아졌습니다.

우리는 교만으로 인해 높아지는 대신, 하나님께 감사드리고 "우리는 모두 기름 부음을 받은 제사장들입니다"라는 태도를 가질 필요가 있습니다. 교만을 꾸짖읍시다!

벧전 2:5, 9
너희도 산 돌 같이 신령한 집으로 세워지고 예수 그리스도로 말미암아 하나님이 기쁘게 받으실 신령한 제사를 드릴 거룩한 제사장이 될지니라 그러나 너희는 택하신 족속이요 왕 같은 제사장들이요 거룩한 나라요 그의 소유가 된 백성이니 이는 너희를 어두운 데서 불러 내어 그의 기이한 빛에 들어가게 하신 이의 아름다운 덕을 선포하게 하려 하심이라 사실 기도하는 것은 특별한 부르심이 아닙니다. 그리스도 몸 안에 있는 모든 사람은 하나님께서 우리 각자를 하나님께 대한 제사장으로 삼으셨으므로 기도해야 합니다. 그리스도 몸 전체가 어둠에서 나와 빛으로 부르심을 받았으며, 단지 선택된 소수가 아니라 왕 같은 제사장직의 한 부분이 된 것입니다.

어떤 사람들은 더 쉽게 성령님께 반응을 보이고 다른 사람들보다 더 깊이 들어가기도 하지만 기도는 모든 거듭난 그리스도인에게 속한 것입니다.

어떤 사람들은 스스로 특별한 부르심을 받았다고 생각하기 때문에 무엇인가를 잘 해야 한다고 생각합니다. 그래서 그들은 기름 부음이 있기를 기다리는 대신에 육신의 힘으로 무엇인가를 해보려고 합니다.

사람들은 영적인 것을 문맥과 상관없이 취함으로써 잘못에 빠집니다. 어떤 사람들은 심지어 그들이 "중보자의 직분"에 서 있다고 말하며 돌아다니기도 합니다. 그들은 이 직분을 목회자나 목사와 같은 수준으로 놓고 목사님에게 어떻게 하라고 말할 수 있는 권리까지 가지고 있다고 생각합니다.

무엇보다도 "중보자의 직분(the office of intercessor)"이라는 것은 존재하지 않습니다. 우리는 에베소서 4장 11, 12절에 기록된 대로 하나님께서 교회 안에 세운 다섯 가지 직분, 사역의 은사들을 발견할 수 있습니다.

엡 4:11-12
그가 어떤 사람은 사도로, 어떤 사람은 선지자로, 어떤 사람은 복음 전하는 자로, 어떤 사람은 목사와 교사로 삼으셨으니 이는 성도를 온전하게 하여 봉사의 일을 하게 하며 그리스도의 몸을 세우려 하심이라

이 구절에 기도는 언급되어 있지 않습니다. 왜냐하면 기도하는 것은 사역 은사가 아니기 때문입니다. 우리는 영적인 것을 올바른 위치에 두어야지 밖으로 빼내어서는 안됩니다. "기도는 사역이다"라고 말할 때 무엇을 의미하는지 분명히 밝힐 필요가 있습니다. 우리가 "사역(ministry)"이란 단어를 일반적인 의미로 사용하는 것은 별개의 문제입니다. 일반적으로 당신이 하나님을 위하여 하는 것은 무엇이든지 사역입니다. 이런 경우 기도를 사역으로 간주할 수 있습니다. 마치 우리가 하나님을 위하여 하는 것은 무엇이든지 사역 혹은 섬김(service)이 되듯이 말입니다. 그러나 "사역"을 교회에 주신 다섯 가지 은사 중의 하나로 사용할 때 기도는 사역에 속하지 않습니다. 기도하는 것은 사역 은사가 아닙니다.

고전 12:28
하나님이 교회 중에 몇을 세우셨으니 첫째는 사도요 둘째는 선지자요 셋째는 교사요 그 다음은 능력을 행하는 자요 그 다음은 병 고치는 은사와 서로 돕는 것과 다스리는 것과 각종 방언을 말하는 것이라

만일 우리가 "사역"이란 단어를 일반적인 의미로 사용한다면 기도는 돕는 사역(the ministry of helps) 아래로 들어와야 할 것입니다. 성도들이 기도를 통해 온전케 되는 것은 아닙니다. 물론 우리는 사람들을 위해 기도할 수 있고 사람들을 도와주고 축복할 수 있습니다만 이런 일들이 그들을 온전케 하는 것은 아닙니다.

에베소서 4장 11, 12절은 사도, 선지자, 복음 전하는 자, 목사와 교사 직분이 성도를 온전케 하기 위한 것임을 말하고 있습니다. 성도를 온전케 하는데 기도가 필요하다면 성경은 기도를 언급했을 것이며 기도를 사역 은사라고 하였을 것입니다. 그런 게 아니라, 기도는 사람들을 돕는 것입니다.

두 번째로 돕는 사역은 다섯 가지 사역 은사와 같은 수준에 있지 않습니다. 돕는 사역은 다섯 가지 사역 은사가 기능을 제대로 발휘하도록 도와주거나 보좌해주는 모든 것을 포함합니다.

신음하며 중보하기

롬 8:26
이와 같이 성령도 우리의 연약함을 도우시나니 우리는 마땅히 기도할 바를 알지 못하나 오직 성령이 말할 수 없는 탄식으로 우리를 위하여 친히 간구하시느니라

기도에 나타난 또 하나의 극단은 신음하는 것(groanings)

에 관한 것입니다. 사람들은 흔히 육신이나 자연적인 힘으로 영적인 것들을 이루어 나가려고 합니다. 하나님께서는 자기의 뜻과 목적을 이루어 나가시기 위해 그의 사람들에게 기름을 부으십니다. 그러나 사람이 육신으로 행하면 문제가 생깁니다. 성령의 기름 부음 아래 신음하는 것은 별개의 문제입니다. 반면에 당신은 당신이 원하면 육신을 따라 얼마든지 신음소리를 낼 수 있습니다. 그러나 기름 부음 없이는 아무 효과도 창출해 내지 못할 것입니다.

성령님께서 당신 가운데 "말로 표현할 수 없는 신음"으로 기도하도록 움직이실 때는 반드시 결과가 있을 것입니다. 문제는 사람들이 성령님을 모방하고 흉내 내려다가 잘못에 빠지는 데에 있습니다.

어떤 사람이 "자기 의지로 성령 안에서 신음할 수 있습니까?"하고 물었습니다. 의지의 행위로 신음하는 것은 성경에 나와 있지 않습니다. 성경은 " … 성령이 말할 수 없는 탄식으로 우리를 위하여 친히 간구하시느니라"(롬 8:26)고 말하고 있습니다.

경우에 따라서는 큰 부담으로 인해 자연스럽게 신음하기도 합니다. 그러나 성령께서 주관하는 것은 별개의 문제입니다. 하나님께 예배 드리고 찬양 드리다가 흔히 하나님의 영이 당신의 영을 사로잡아서 신음하는 경지로 인도되는 경우가 있음을 보았습니다. 그렇지만 당신 스스로 임의로 할 수 있는 것은 아니라는 것이 제가 드리는 말입니다.

어떤 사람들은 "사람이 자기 의지로 진통을 할 수 있는지" 묻습니다. 바울은 갈라디아서 4장 19절에서 "나의 자녀들아 너희 속에 그리스도의 형상을 이루기까지 다시 너희를 위하여 해산하는 수고를 하노니"라고 말했습니다. 바울은 여자가 아이를 낳으려고 진통하는 것과 같은 용어를 사용하고 있습니다.

그러면 여자는 자기 의지로 진통을 할 수 있습니까? 할 수 없습니다! 낳을 아이가 없다면 아무리 여자가 진통을 한다 해도 아무 것도 낳을 수 없습니다.

하나님의 영은 무엇인가 출산할 것이 있는 것을 아시므로 우리에게 진통을 가져다주는 것입니다. 예를 들면 어떤 사람들은 하나님의 말씀을 듣고 그것을 믿음으로써 구원을 받았습니다. 그러나 또 어떤 사람들은 누군가 그들을 위해 진통을 하지 않으면 결코 구원받지 못할 것입니다. 우리는 누가 그런 사람들인지 알 수 없고 오직 하나님의 영만 알고 계실 뿐입니다.

당신은 당신이 원하는 때에는 언제든지 무엇을 낳기 위해 진통할 수 있습니까? 글쎄요, 여자가 자기가 원한다고 언제든지 아기를 낳을 수 있습니까? 아닙니다. 그녀는 먼저 임신부터 해야 합니다. 손을 얹음으로써 진통으로부터 풀려날 수 있습니까? 그럴 수 없습니다. 그것은 빈 손을 빈 머리에 얹는 것일 뿐입니다. 신음하는 것이 방언으로 기도하는 것보다 더 효과적입니까? 물론 아닙니다. 우리가 하는 많은 것들이 우리가 주의하지 않으면 다 육신의 일일 뿐입니다! 어떤 경우에는 육신과 성령이 섞여 있는 경우도 있습니다.

물론 당신은 언제든지 자기 자신을 깨우쳐 기도할 수 있습니다. 어떤 경우에는 기도하는데 큰 노력이 요구될 경우도 있습니다. 나는 자신을 깨우쳐 하나님을 찾으면 성령께서 나를 사로잡아 주십니다.

하나님의 말씀에 "네 속에 있는 하나님의 은사를 다시 불일 듯하게 하기 위하여"(딤후 1:6)라고 말씀하고 있는데, 이에 대한 성경적인 근거가 있습니다. 우리는 한 가지 종류의 기도만이 아니라 모든 종류의 기도가 필요하다는 것을 기억할 필요가 있습니다. 중보 기도로 인하여 하나님께 감사드립니다. 그러나 성경은 "모든 기도와 간구로 하되 … "(엡 6:18) 또는 "모든 종류의 기도를 하되 … "라고 말씀하고 있습니다.

그러므로 우리는 모든 종류의 기도가 필요합니다. 성령님께 민감해지는 것을 배웁시다. 그리하여 그 순간 성령님께서 어느 방향을 택하시는지 혹은 어느 길로 움직이시는지 지켜봅시다. 그리고는 오직 성령님만 따라 갑시다.

제 26 장
기술을 살리기

중보와 간구를 포함한 기도의 기술(art)은 사실상 교회에서 잊혀져 있었습니다. 초기 오순절주의자들은 이것을 조금 알고 있었습니다. 제 2세대 오순절주의자들은 별로 아는 것이 없었으며 제 3세대 오순절주의자들은 거의 아무 것도 몰랐습니다. 은사 주의자들도 거의 아무 것도 몰랐습니다.

그러나 하나님께서 90년대에 이루시고자 하는 것을 이루기 위해서는 기도의 기술이 부활되어야만 합니다.

나는 처음 성령세례를 받고서 오순절 사람들 가운데로 왔습니다. 나는 북부 중앙 텍사스의 검은 땅에 있는 한 작은 순복음 교회를 목회지로 받아들였습니다. 그 회중의 대부분은 농부였습니다. 목화를 수확하는 해의 가을에 우리는 주일 낮과 밤, 그리고 토요일 밤만 제외하고 모든 예배를 없앴습니다. 주일 날 오후에는 어떤 사람의 집에 다같이 모여 가져온 음식을 함께 먹었습니다.

어느 특별한 주일날 우리는 나의 아내가 될 사람의 집에서 모였습니다. 그 곳에는 한 사랑스런 작은 여인이 있었습니다.

나는 그녀에 대해 듣기는 했지만 만난 적은 없었습니다. 모두 그녀를 하워드 엄마라고 불렀습니다. 그들은 그녀를 "이스라엘에 있는 어머니"라고 일컬었습니다.

우리는 식사를 마치고 나서 잠시 머물러 있었습니다. 그녀는 잠시 혼자 있을 방을 달라고 하더니 맨 바닥에 무릎을 꿇었습니다(나는 가끔 그녀가 바닥에 신문을 깔고 이마를 그 위에 대고 꼼짝 않고 주일 오후 내내 기도한다는 것을 알고 있었습니다).

그녀는 과부였습니다. 그는 이웃 마을에 자기 집을 소유하고 있었습니다. 내가 알고 있는 목사님 한 분이 그의 아내와 자식과 함께 그 집 한쪽을 쓰고 있었습니다.

그 목사님은 내게 "그녀는 기도를 일 삼아 합니다. 그녀는 매일 아침 4시에 일어나 그 때부터 8시까지 기도합니다. 그리고 먹을 것을 조금 요리합니다. 그리고 나서 또 2시간을 기도합니다. 가벼운 점심을 먹은 다음에는 대개 우리 가족들에게 와서 잠깐 동안 있다가 오후 2~3시 기도하러 다시 돌아갑니다. 어떤 때는 자정까지도 기도합니다. 기도의 부담이 있을 경우에는 밤을 새워 기도합니다"라고 말씀하셨습니다.

그녀는 수년 전에 달라스에서 거듭났습니다. 그 후에 그녀는 순복음 교회가 없는 한 마을로 이사를 했습니다. 사실은 그 근처에는 순복음 교회가 있는 마을이 하나도 없었습니다. 한 마을씩 택하여 그녀는 교회가 세워질 때까지 기도했습니다. 그 다음에는 다음 마을로 옮겨서는 또 한 교회가 세워질 때까지 기도했습니다. 하워드 엄마, 이 작은 여인, 이 아름다운 하나님의 성도는 마을마다 읍마다 북부 텍사스의 모든 구석마다 교회가 들어서도록 기도했습니다.

나는 '우리 모두가 하늘 나라에 가서 상급을 나누어 받을 때 어떤 장면이 전개될까?' 생각해 봤습니다. 그 교회들을 세웠던 목사님들이 나와 상급을 받을 준비를 할 때 예수님은 하워드 엄마를 먼저 부르실 것입니다!

그녀가 한 일은 일이 되어지도록 하는 것이었습니다! 아무도 그녀를 본 사람은 없습니다. 그들은 그녀가 존재하는 것도 몰랐을 것입니다. 그러나 그녀는 주일 오후에 이웃을 방문하여 이야기하고 놀면서 시간을 보내지 않았습니다. 그녀는 일했습니다. 그녀는 문자 그대로 자신의 삶을 남을 위해 바쳤습니다.

예수님께서도 그렇게 사셨습니다. 주님은 오늘도 자기 자신을 기도하는 일에 바칠 사람을 부르고 계십니다.

믿음의 말씀사 출판물

믿음의말씀사에서 발행되는 모든 도서는 본사에서 직영판매하며,
본사 대표전화 또는 홈페이지를 통해서 구입이 가능합니다.
구입문의 : 031-8005-5483 / 5493   http://faithbook.kr

케네스 해긴의 「믿음 도서관」 책들   케네스 해긴 지음·김진호 옮김

- 믿는 자의 권세 (생애기념판) | 양장본 신국판 264p / 값 13,000원
- 당신이 알아야 하는 신유에 관한 일곱 가지 원리 | 국판 112p / 값 5,000원
- 기도의 기술 | 국판 208p / 값 7,000원
- 인간의 세 가지 본성 (증보판) | 국판 128p / 값 5,500원
- 어떻게 하나님의 영으로 인도받을 수 있는가? (생애기념판) | 국판 272p / 값 10,000원
- 믿음의 계단 | 국판 240p / 값 8,500원
- 마이더스 터치 | 국판 272p / 값 10,000원
- 당신을 향한 하나님의 계획 | 국판 256p / 값 8,500원
- 하나님 가족의 특권 | 국판 176p / 값 6,500원
- 나는 환상을 믿습니다 | 국판 208p / 값 7,000원
- 하나님의 계획과 목적과 추구 | 국판 224p / 값 8,000원
- 역사하는 기도 | 국판 256p / 값 9,000원
- 병을 고치는 하나님의 말씀 | 국판 184p / 값 7,000원
- 영적 성장 | 국판 192p / 값 7,000원
- 치유의 기름부음 | 국판 336p / 값 10,000원
- 크게 성장하는 믿음 | 국판 160p / 값 6,000원
- 신선한 기름부음 | 국판 176p / 값 7,000원
- 예수 열린 문 | 국판 216p / 값 8,000원
- 믿음이란 무엇인가 | 국판 64p / 값 2,500원
- 진짜 믿음 | 국판 56p / 값 2,000원
- 기름부음의 이해 | 국판 256p / 값 9,000원
- 그리스도께서 지금 하고 계시는 일 | 국판 64p / 값 2,500원
- 승리하는 교회 | 신국판 496p / 값 15,000원
- 믿음의 양식 | 국판 384p / 값 13,000원
- 조에 | 국판 96p / 값 4,000원
- 그리스도의 선물 | 신국판 368p / 값 12,000원
- 믿음이 흔들리고 패배한 것 같을 때 승리를 얻는 법 | 신국판 160p / 값 7,000원
- 충분하고도 넘치는 하나님 엘 샤다이 | 국판 64p / 값 2,500원
- 하나님의 말씀 : 모든 것을 고치는 치료제 | 국판 72p / 값 3,000원
- 믿음의 선한 싸움을 싸우는 법 | 국판 200p / 값 7,000원
- 내주하시는 성령 임하시는 성령 | 국판 256p / 값 9,000원
- 방언 | 신국판 384p / 값 12,000원

- 재정적인 번영에 대한 성경적 열쇠들 | 국판 240p / 값 9,000원
- 금식에 관한 상식 | 국판 64p / 값 2,500원
- 가족을 섬기는 법 | 국판 72p / 값 3,000원
- 여성에 관한 질문들 | 국판 112p / 값 5,000원
- 몸의 치유와 속죄 | T.J.맥크로산 지음 · 로이 힉스, 케네스 해긴 개정 / 국판 168p / 값 6,000원
- 그리스도 안에서 | 문고판 48p / 값 1,000원
- 새로운 탄생 | 문고판 48p / 값 1,000원
- 방언기도의 능력을 풀어 놓으라 | 문고판 64p / 값 1,200원
- 재정 분야의 순종 | 문고판 48p / 값 1,000원
- 말 | 문고판 64p / 값 1,200원
- 나는 지옥에 갔다 왔습니다 | 문고판 48p / 값 1,000원
- 하나님의 처방약 | 문고판 64p / 값 1,200원
- 더 좋은 언약 | 문고판 48p / 값 1,000원
- 옳은 사고방식 틀린 사고방식 | 문고판 80p / 값 2,000원
- 속량 - 가난, 질병, 영적 죽음에서 값 주고 되사다 | 문고판 64p / 값 1,200원
- 예수의 보배로운 피 | 문고판 48p / 값 1,000원
- 하나님을 탓하지 마십시오 | 문고판 48p / 값 1,000원
- 네 주장을 변론하라 | 문고판 48p / 값 1,000원
- 셀 모임에서 성령인도 받기 | 문고판 48p / 값 1,000원
- 네 염려를 주께 맡겨라 | 문고판 80p / 값 2,000원
- 성령을 받는 성경적인 방법 | 문고판 64p / 값 1,200원
- 안수 | 문고판 48p / 값 1,000원
- 치유를 유지하는 법 | 문고판 48p / 값 1,000원
- 사랑은 결코 실패하지 않습니다 | 문고판 48p / 값 1,000원
- 예언을 분별하는 일곱 단계 | 문고판 80p / 값 2,000원
- 절망적인 상황을 반전시키기 | 문고판 80p / 값 2,000원
- 당신의 믿음을 풀어 놓는 법 | 문고판 80p / 값 2,000원
- 하나님의 영광 | 문고판 64p / 값 1,200원
- 하나님께서 내게 가르쳐 주신 형통의 계시 | 문고판 48p / 값 1,000원
- 왜 능력 아래 쓰러지는가? | 문고판 48p / 값 1,000원
- 다가오는 회복 | 문고판 48p / 값 1,000원
- 잊어버리는 법을 배우기 | 문고판 48p / 값 1,000원
- 은혜 안에서의 성장을 방해하는 다섯 가지 | 문고판 64p / 값 1,200원
- 사랑 가운데 걷는 법 | 문고판 64p / 값 1,200원
- 위대한 세 단어 | 문고판 48p / 값 1,000원
- 하나님의 은사와 부르심 | 문고판 48p / 값 1,000원
- 바울의 계시: 화해의 복음 | 문고판 64p / 값 1,200원
- 당신은 당신이 말하는 것을 가질 수 있습니다 | 문고판 64p / 값 1,200원
- 그 이름은 "놀라우신 분" | 문고판 48p / 값 1,000원
- 우리에게 속한 것을 알기 | 문고판 48p / 값 1,000원

기타 「믿음의 말씀」 설교자의 책들

- 성령의 삶 능력의 삶 | 데이브 로버슨 지음 · 김진호 옮김 / 신국판 480p / 값 13,000원
- 왕과 제사장 | 김진호 지음 / 국판 136p / 값 6,500원
- 새로운 피조물의 실재 | 김진호 지음 / 국판 256p / 값 9,000원
- 믿음의 반석 | 최순애 지음 / 국판 352p / 값 12,000원
- 새 언약의 기도 | 최순애 지음 / 신국판 192p / 값 8,000원
- 성령 인도 | 최순애 지음 / 국판 160p / 값 7,000원
- 복음의 신조 | 최순애 지음 / 국판 208p / 값 8,000원
- 존중하는 삶 | 최순애 지음 / 국판 208p / 값 8,000원
- 승리하는 믿음 | 스미스 위글스워스 지음 · 김진호 옮김 / 46판 112p / 값 4,000원
- 스미스 위글스워스의 천국 | 스미스 위글스워스 지음 · 박미가 옮김 / 신국판 320p / 값 11,000원
- 스미스 위글스워스의 매일묵상 | 스미스 위글스워스 지음 · 박미가 옮김 / 신국판 600p / 값 20,000원
- 위글스워스는 이렇게 했다 | 피터 J. 매든 지음 · 박미가 옮김 / 국판 272p / 값 9,000원
- 스미스 위글스워스의 능력의 비밀 | 피터 J. 매든 지음 · 박미가 옮김 / 국판 200p / 값 7,000원
- 행동하는 신자들 | T. L. 오스본 지음 · 김진호 옮김 / 46판 112p / 값 4,000원
- 기적 - 하나님 사랑의 증거 | T.L. 오스본 지음 · 김진호 옮김 / 46판 144p / 값 4,500원
- 새롭게 시작하는 기적 인생 | T. L. 오스본 / 라도나 오스본 지음 · 박미가 옮김 / 46판 288p / 값 8,000원
- 좋은 인생 | T. L. 오스본 지음 · 박미가 옮김 / 신국판 416p / 값 13,000원
- 성경적인 치유 | T.L. 오스본 지음 · 김진호 옮김 / 국판 272p / 값 10,000원
- 능력으로 역사하는 메시지 | T.L. 오스본 지음 · 김주성 옮김 / 신국판 368p / 값 12,000원
- 100개의 신유 진리 | T.L. 오스본 지음 · 김진호 옮김 / 문고판 48p / 값 1,000원
- 하나님의 큰 그림 | 라도나 C. 오스본 지음 · 문지숙 옮김 / 46판 160p / 값 5,500원
- 믿음의 말씀 고백 기도집 | 잔 오스틴 지음 · 김진호 옮김 / 46판 160p
- 하나님의 사랑의 흐름 | 잔 오스틴 지음 · 김진호 옮김 / 46판 48p
- 견고한 진 무너뜨리기 | 잔 오스틴 지음 · 김진호 옮김 / 46판 48p
- 초자연적인 흐름을 따르는 법 | 잔 오스틴 지음 · 김진호 옮김 / 46판 96p
- 당신의 운명을 바꿀 수 있습니다 | 잔 오스틴 지음 · 김진호 옮김 / 46판 96p
- 어떻게 하나님의 능력을 풀어놓을 수 있는가? | 잔 오스틴 지음 · 김진호 옮김 / 46판 96p
- 복을 취하는 법 | R.R.쏘아레스 지음 · 김진호 옮김 / 국판 128p / 값 5,500원
- 주는 자에게 복이 되는 선물 | R.R.쏘아레스 지음 · 김병수 옮김 / 국판 160p / 값 6,000원
- 믿음으로 사는 삶 | 코넬리아 나훔 지음 · 신현호 옮김 · 김진호 추천 / 46판 176p / 값 6,000원
- 그리스도 안에 있는 나를 인정하기 | 마크 행킨스 지음 · 김진호 옮김 / 문고판 48p / 값 1,000원
- 여기서 머물지 말라 | 크리스 오야킬로메 지음 · 김진호 옮김 / 46판 72p / 값 2,500원
- 방언기도학교 31일 | 크리스/애니타 오야킬로메 지음 · 이종훈/김인자 옮김 / 46판 80p / 값 2,500원
- 이제 당신이 거듭났으니 | 크리스 오야킬로메 지음 · 김진호 옮김 / 문고판 64p / 값 1,500원
- 당신의 인생을 재창조하라 | 크리스 오야킬로메 지음 · Paula Kim 옮김 / 국판 48p / 값 2,000원
- 이 마차에 함께 타라 | 크리스 오야킬로메 지음 · Paula Kim 옮김 / 국판 128p / 값 5,000원
- 그리스도 안에 있는 당신의 권리 | 크리스 오야킬로메 지음 · Paula Kim 옮김 / 국판 64p / 값 2,500원
- 당신의 치유를 유지하기 | 크리스 오야킬로메 지음 · Paula Kim 옮김 / 문고판 24p / 값 500원

- 성령님과 당신 | 크리스 오야킬로메 지음 · Paula Kim 옮김 / 국판 64p / 값 2,500원
- 방언의 능력 | 크리스 오야킬로메 지음 · Paula Kim 옮김 / 문고판 48p / 값 1,000원
- 성령님이 당신 안에서 행하실 일곱 가지 | 크리스 오야킬로메 지음 · Paula Kim 옮김 / 국판 80p / 값 3,500원
- 성령님이 당신을 위해 행하실 일곱 가지 | 크리스 오야킬로메 지음 · Paula Kim 옮김 / 국판 72p / 값 3,000원
- 기적을 받고 유지하는 법 | 크리스 오야킬로메 지음 · Paula Kim 옮김 / 국판 64p / 값 2,500원
- 하나님께서 당신을 방문하실 때 | 크리스 오야킬로메 지음 · Paula Kim 옮김 / 국판 80p / 값 3,500원
- 올바른 방식으로 기도하기 | 크리스 오야킬로메 지음 · Paula Kim 옮김 / 국판 64p / 값 2,500원
- 당신의 믿음을 역사하게 하는 법 | 크리스 오야킬로메 지음 · Paula Kim 옮김 / 국판 112p / 값 5,000원
- 끝없이 샘솟는 기쁨 | 크리스 오야킬로메 지음 · Paula Kim 옮김 / 국판 32p / 값 1,500원
- 기름과 겉옷 | 크리스 오야킬로메 지음 · Paula Kim 옮김 / 국판 96p / 값 4,000원
- 약속의 땅 | 크리스 오야킬로메 지음 · Paula Kim 옮김 / 국판 224p / 값 8,000원
- 하나님의 일곱 영 | 크리스 오야킬로메 지음 · Paula Kim 옮김 / 국판 112p / 값 5,000원
- 예언 | 크리스 오야킬로메 지음 · Paula Kim 옮김 / 국판 88p / 값 4,000원
- 시온의 문 | 크리스 오야킬로메 지음 · Paula Kim 옮김 / 국판 96p / 값 4,000원
- 하늘에서 온 치유 | 크리스 오야킬로메 지음 · Paula Kim 옮김 / 46배판 144p / 값 10,000원
- 효과적으로 기도하는 법 | 크리스 오야킬로메 지음 · 김진호 옮김 / 국판 144p / 값 6,500원
- 붉은 줄의 기적 | 리차드 부커 지음 · 황성하 옮김 / 국판 288p / 값 10,000원
- 당신은 이미 가졌습니다 | 앤드류 웍맥 지음 · 두영규 옮김 / 국판 320p / 값 11,000원
- 은혜와 믿음의 균형 안에 사는 삶 | 앤드류 웍맥 지음 · 반재경 옮김 / 국판 304p / 값 11,000원
- 하나님은 당신이 건강하기 원하십니다 | 앤드류 웍맥 지음 · 서승훈 옮김 / 국판 288p / 값 10,000원
- 영 · 혼 · 몸 | 앤드류 웍맥 지음 · 서승훈 옮김 / 국판 224p / 값 8,500원
- 전쟁은 끝났습니다 | 앤드류 웍맥 지음 / 국판 304p / 값 11,000원
- 믿는 자의 권세 | 앤드류 웍맥 지음 · 두영규 옮김 / 국판 368p / 값 12,000원
- 새로운 당신과 성령님 | 앤드류 웍맥 지음 · 반재경 옮김 / 국판 144p / 값 6,500원
- 당신이 말한 대로 얻게 됩니다 | 돈 고셋 지음 · 전진주 옮김 / 국판 288p / 값 10,000원
- 예수 - 치유의 길 건강의 능력 | 윌포드 H. 리트 지음 · 김진호 옮김 / 국판 304p / 값 11,000원
- 믿음과 고백 | 찰스 캡스 지음 · 신현호 옮김 / 신국판 384p / 값 12,000원
- 임재 중심 교회 | 테리 테이클/린 폰더 지음 · 전진주 옮김 / 국판 304p / 값 11,000원
- 십자가에서 보좌까지 무슨 일이 일어났는가? | E. W. 케년 지음 · 서승훈 옮김 / 신국판 368p / 값 12,000원
- 두 가지 의 | E. W. 케년 지음 · 김진호 옮김 / 국판 176p / 값 7,000원
- 놀라우신 그 이름 예수 | E. W. 케년 지음 / 국판 192p / 값 7,000원
- 하나님 아버지와 그분의 가족 | E. W. 케년 지음 · 서승훈 옮김 / 신국판 360p / 값 12,000원
- 나의 신분증 | E. W. 케년 지음 · 김진호 옮김 / 46판 112p / 값 4,000원
- 두 가지 생명 | E. W. 케년 지음 · 이은지 옮김 / 국판 352p / 값 11,000원
- 성령 충만한 그리스도인의 지침서 | 데릭 프린스 지음 · 조철환, 서승훈 옮김 / 신국판 752p / 값 30,000원